Silvia Meixner
Ernst Tumpold

# Kinder aufs Lernen vorbereiten

Edu-Kinestetik für Eltern und Lehrer

W0056673

**Knaur** ®

# Inhalt

# Vorwort

Liebe KollegInnen, liebe Eltern,

mein persönlicher Einstieg mit Kinesiologie in der Praxis
fand vor etwa zehn Jahren bei lerngestörten und verhal-
tensauffälligen Kindern und Jugendlichen im Alter von sie-
ben bis vierzehn Jahren statt. Das »Aha«-Erlebnis bot mir
ein dreizehnjähriger Sonderschüler. Nach einem Wochen-
endseminar »Einführung in die Edu-Kinestetik«, das ich
besucht hatte, schrieben wir ein Diktat. Ich war noch
immer fasziniert von den Auswirkungen der kinesiologischen Übungen, die ich am eigenen Leib erfahren hatte,
und auch die anderen KursteilnehmerInnen waren begei-
stert. Nachdem ich dem Schüler mitgeteilt hatte, daß man
bei diesen Übungen überhaupt nichts falsch machen kön-
ne, führten wir nach dem Diktat eine zehnminütige
Übungseinheit durch. Danach schrieben wir das Diktat
noch einmal – und siehe da, zu unser beider Erstaunen wies
die zweite Version wesentlich weniger Rechtschreibfehler
auf als die erste. Sie können sich selbst davon überzeugen:

*Der alte Löwe*

Es war einmal ein Löwe, der war
alt und müde. Er konnte die Tiere
nicht mehr jagen. Da legte er sich
in eine Höle und jamate: »Ich bin
so kranck, ich sterbe bald.« Viele Tiere
gingen neugierig in die Höle hinein.
Da könnte sie der Löwe, die Tiere
leicht fressen.

Der alte Löwe

Es war einmal ein Löwe, der war so
alt und müde. Er konnte die Tiere
nicht mehr jagen. Da legte er sich in
eine Höhle und jammerte: „Ich bin so
krank ich sterbe bald!"
Viele Tiere gingen neugierig in die Höhle.
Da konnte sich der Löwe leicht ? fressen."

Als später mein Kollege zum Dienst kam, sagte der Junge
zu ihm: »Die Silvia hat mich heute verzaubert.«
Am nächsten Tag in der Schule hatte er beim Diktat nur
*einen* Rechtschreibfehler. Die Lehrerin war sehr erstaunt
und fragte bei mir nach...
Lange Rede – kurzer Sinn, diese Verzauberung hält bis heute bei mir an, und ich stellte immer wieder fest: Es ist so einfach, die richtige Unterstützung zu geben. Das Erlebnis hat mich immer wieder motiviert, neue Erfahrungen mit der Edu-Kinestetik zu sammeln und sie vor allem da einzusetzen, wo der »Schaden« noch nicht so groß ist – nämlich im Kindergartenalter!
Die Übungen wirken ganzheitlich auf Körper, Geist und Seele. Auch bei Kindern, die keine Schwierigkeiten zeigen, wirken sie unterstützend auf die Gesamtpersönlichkeit. Ich kann Sie daher nur dazu ermuntern, selbst Ihre (Lern-) Erfahrungen mit der Edu-Kinestetik zu machen und zu experimentieren. Viel Spaß beim Üben!

*Wien, im Frühjahr 1996*                    *Silvia Meixner*

Liebe KollegInnen, liebe Eltern,

Sie halten das Praxisbuch *Kinder aufs Lernen vorbereiten* in
Händen, das Ihnen in Ihrem heutzutage wahrlich nicht
leichten schulischen Alltag wie auch im Kindergarten oder
zu Hause ein nützlicher Helfer und Begleiter sein will. Das
Buch soll es Ihnen erleichtern, die Schule für Sie persön-
lich und Ihre Kinder bzw. Schüler zu einem Ort des Lebens
und der Wärme zu machen, zu einem Ort, wo Geborgen-
heit und Neugierde Platz haben. Es soll dazu beitragen, daß
die Kinder wieder mehr aus Freude am Lernen lernen.
Alle Aktivierungs- und Bewegungsübungen, die hier vorgestellt werden, setze ich in vielen Klassen seit Jahren ein, und
sie wurden und werden von den SchülerInnen als hilfreich
und bereichernd empfunden. Sie bestätigen immer wieder,
welchen Nutzen sie aus diesen leicht durchzuführenden
und sicheren Übungen ziehen können.
Ich möchte Ihnen nur als kurzen Einstieg einige Bereiche
nennen, in denen Sie das Buch in Ihrem persönlichen Fördern und Fordern, auch schon im Vorschulalter, unter-
stützen kann:

— Bewegungshunger der Kinder,
— multisensorisches Lernen mit Spaß und Freude,
— gehirngerechtes Lehren und Lernen,
— aus Sicht der Kinder wird der/die LehrerIn bzw. ErzieherIn immer mehr zum Förderer und Trainer,
— Abbau von emotionalem Streß,
— Abbau von Defiziten im Grundwahrnehmungsprozeß,
— SchülerInnen erleben Lernen als Prozeß und steuern
  den Erfolg,
— Selbsthilfemaßnahmen für LehrerInnen und ErzieherInnen,

- praktische Hilfen zur Unterstützung der Kinder, in ihrem Wollen und Können,
- Erweiterung Ihrer Erfahrungen mit ganzheitlichem Lernen,
- Hebung des Selbstwertgefühls,
- Hilfen für SchülerInnen, die sich beim Lernen sehr anstrengen und doch keinen Erfolg haben,
- Hilfen für alle jene, die ohne Energie und Einsatz im Kindergarten oder Klassenzimmer verkümmern,
- Hilfen für LehrerInnen bei SchülerInnen, denen es bis dato versagt ist, ihr Lernpotential vollständig zu entfalten, und die diesen Mangel durch Aggression, Arbeitsverweigerung oder Verhaltensauffälligkeiten äußern,
- Ausbau der sozialen Kompetenz der Kinder,
- Änderung der Sichtweise des/der Lehrers/Lehrerin bei der Einschätzung der Fähigkeiten der SchülerInnen.

Die Leistungserfolge und die Lernatmosphäre sowie die Rückmeldungen vieler Eltern zeigen mir die Wirksamkeit dieser gezielten Bewegungsübungen. Auch all die anderen KollegInnen, die diese Übungen seit Jahren mit ihren Kindern machen, erfahren sie als Bereicherung.

Der Inhalt des Buches soll Sie als ErzieherIn, LehrerIn oder Elternteil auch in die Lage versetzen, mit Lernbehinderungen Ihrer Schützlinge richtig umzugehen. Lernbehinderungen sind nämlich zumeist keine Krankheiten, sondern Kommunikationsstörungen zwischen dem Lernenden und der Außenwelt.

Wenn wir vorbeugend und dort mit der Förderung ansetzen, wo Probleme entstehen oder entstanden sind, können wir auch den Unterricht wesentlich entspannter und lustvoller gestalten. Anstatt gegen Symptome anzukämpfen, kann die Förderung an der Wurzel des Problems ansetzen.

Die meisten der Hilfen stammen aus einem Teilbereich der Angewandten Kinesiologie, der Edu-Kinestetik (im folgenden kurz Edu-K genannt), und warten darauf, daß Sie sie anwenden. Wie und auf welche Art diese Übungen unterstützend wirken, können Sie auf den folgenden Seiten erfahren.

*Wien, im Frühjahr 1996*                    *Ernst Tumpold*

# Einführung in die Edu-Kinestetik

Edu-K ist ein umfassendes Programm zur Persönlichkeitsentwicklung und bringt Lernen und Bewegung in einen neuen Zusammenhang. Die Kinder sind nach einigen gezielten Übungen imstande, die angebotenen Aktivitäten leichter aufzunehmen und zu verarbeiten.

Der amerikanische Pädagoge Dr. Paul E. Dennison hat gemeinsam mit seiner Frau Gail und einem Team von Mitarbeitern eine Methode entwickelt, die zu einem leichteren Verständnis der Vorgänge im Gehirn führt und Aufschlüsse über die Beziehung von Gehirn und Körper zu Bewegung, Denken und schulischen Fertigkeiten wie zum Beispiel Lesen, Schreiben oder Rechnen gibt.

# Lernen und Bewegung

Viele Menschen treiben Sport, weil sie wissen, daß Bewegung gut für ihren Körper ist, aber den wenigsten von uns ist bewußt, daß dies auch Auswirkungen auf ihr Gehirn hat. Unser Gehirn ist nämlich sehr stark von einer guten Durchblutung und einer optimalen Versorgung mit Sauerstoff abhängig. Außerdem beruhen jede Sinnesempfindung und unser Denken auf Bewegung.

Die Gehirnstrukturen, in denen Denken und Gefühle geschehen, sind der motorischen Region der Gehirnrinde sehr nahe. Da im Gehirn Erregungen und Impulse dazu neigen, sich auszubreiten und auf benachbarte Gewebebereiche überzugreifen, hat eine Veränderung in der motorischen Region entsprechende Wirkungen auf Denken und Fühlen. Deshalb nennt Dr. Dennison die Bewegung »das Tor zum Lernen«.

Viele Kinder kommen in die Schule und sind entwicklungsmäßig noch nicht so weit, daß sie die für sie neuen Lernmethoden, die sich völlig von dem bis dahin natürlichen Lernen in ihrer früheren Kindheit unterscheiden, ohne Streß annehmen können. Gibt es dann Schwierigkeiten, koppeln sie vielfach Versagen mit Lernen und kultivieren ein Versagersyndrom. Jede weitere negative Leistung wird nur als zusätzliche Bestätigung dafür empfunden, daß man ein Versager ist. Daher ist ein frühes Üben bereits im Kindergartenalter eine wichtige Voraussetzung für den Schuleintritt.

Die Lerngymnastik (engl. *Brain Gym*) der Edu-K hat sich im Bereich der praktischen Pädagogik als Hilfe für Kinder,

Pädagogen und Bezugspersonen in den letzten Jahren immer mehr durchgesetzt.

## Wieso hilft die Lerngymnastik beim Lernen?

– Über-Kreuz-Bewegungen (kontralaterale Bewegungen) aktivieren gleichzeitig beide Hirnhälften, wodurch ganzheitliches Lernen, Sehen mit beiden Augen, Hören mit beiden Ohren erst möglich wird. Andere Bewegungsmuster verbessern die Kommunikation zwischen dem Vorderhirn, welches dafür sorgt, daß wir Neues ohne Streß lernen können, und dem Hinterhirn, in dem alles gespeichert ist, was wir schon gelernt haben.
– Auch der Zusammenhang zwischen Atmung, Stimmungslage und Streßverhalten ist bekannt: Emotionen haben direkten Einfluß auf die Atmung. Es ist daher manchmal sehr hilfreich, auf die Atmung mehr Augenmerk zu legen. Je ruhiger und tiefer die Atmung, desto ruhiger werden auch die Gedanken. Eine verstärkte Atmung verbessert außerdem die Sauerstoffversorgung für das Blut und das Gehirn und führt so zu einer angeregteren geistigen Tätigkeit.
– Auch die Körperhaltung ist wichtig. Die Signale, die von den Nerven einer aufgerichteten Wirbelsäule kommen, informieren das Gehirn, daß es aufmerksam und wach sein muß.
– Muskelentspannende Übungen für Augen, Hals, Nacken und Schultern verbessern über die Entspannung der Muskeln die Reizleitung zum Gehirn. Grob- und Feinmotorik werden geschult, was sich beispielsweise in schönerer Schreibschrift äußern kann. Darüber hinaus werden Reflexe, die ein Zusammenziehen von Muskeln

bewirken, etwa wenn man sich bedroht fühlt, aufgelöst.

Das Leben mit seinen Anforderungen und der Druck, der oft von den Eltern kommt, sind für manche Kinder eine solche Bedrohung. Häufig setzen sich Kinder aber auch selbst unter Druck. In den Muskeln gespeicherte emotionale Zustände können durch die Übungen freigesetzt und verarbeitet werden. War es zum Beispiel für einen Schüler in einer spannungsgeladenen Situation wie bei einer Prüfung oder Schularbeit eine »sinnvolle« Strategie, die Schultern völlig angespannt zu halten und nur ganz flach zu atmen, so ist diese Muskelverspannung für andere Anlässe, die ihm Spaß bereiten, keine adäquate Strategie.

– Übungen, die die Zirkulation der Rückenmarksflüssigkeit anregen, lassen dadurch das Gehirn optimal arbeiten.
– Das Aktivieren des Akupunktur-Meridiansystems harmonisiert die psychische Verfassung und regt den Fluß der elektromagnetischen Energien an. Dadurch werden viele Kinder erst wieder bereit, Neues aufzunehmen und voll am Geschehen teilzunehmen.
– Übungen, die dem Anhalten der Atmung entgegenwirken, fördern die Zentrierung und Erdung.
– Übungen zum Anschalten der Formatio reticularis, einer Gehirnregion, die ablenkende aus wichtigen Tönen aussiebt, sind heutzutage sehr wichtig für unsere walkman- und fernsehgeschädigten Kinder.

# Linkes Hirn – rechtes Hirn

Das Großhirn besteht aus zwei stark gefurchten Halbkugeln und sieht einer großen Walnuß ähnlich. Die zwei Hälften oder Hemisphären werden durch einen tiefen Graben voneinander getrennt. Die Verbindung zwischen den beiden Gehirnhälften wird durch den Balken (Corpus callosum) am Boden des trennenden Grabens hergestellt.

Das Corpus callosum ist ein dickes Nervenfaserbündel mit etwa dreihundert Millionen Nervenfasern. Die für die Kontrolle der Motorik zuständigen Nervenbahnen und die sensorischen Nervenbahnen verlaufen fast vollständig über Kreuz. Die linke Hirnhälfte kontrolliert hauptsächlich die rechte Körperseite und die Wahrnehmung des rechten Auges und Ohres usw., und die rechte Hirnhälfte ist für die linke Seite zuständig.

Im Jahr 1981 erhielt Prof. Dr. Roger Sperry vom California Institute of Technology den Nobelpreis für seine Forschungsarbeiten an Split-brain-Patienten (engl. *split* = »gespalten«, *brain* = »Gehirn«). Split-brain-Patienten sind Epileptiker, denen die Verbindung zwischen linker und rechter Hirnhälfte aus therapeutischen Gründen teilweise durchtrennt wurde.

Die Forschungsarbeiten zeigten, daß die beiden Großhirnhälften trotz spiegelbildlichen Aussehens unterschiedliche Funktionen haben und auf verschiedene Arten des Denkens spezialisiert sind. Sieht ein Split-brain-Patient das Bild eines Gegenstandes in seinem linken Gesichtsfeld, so kann er mit der linken Hand unter einigen für ihn nicht sichtbaren Gegenständen den abgebildeten auswählen; aber auf

Befragen behauptet die Person, nichts gesehen und getastet zu haben. Da das linke Gesichtsfeld und die linke Hand von der rechten Gehirnhälfte kontrolliert werden, folgt daraus, daß das rechte Gehirn nicht verbalisieren kann. Projiziert man das Bild auf die rechte Seite, so wird es im rechten Gesichtsfeld, das der linken Hirnhälfte zugeordnet ist, gesehen werden. Der Patient kann den Gegenstand mit der rechten Hand auswählen und ihn mit Namen bezeichnen. Die linke Hirnhälfte kann also verbalisieren.

Wir wollen uns nun einmal die funktionellen Asymmetrien des Gehirns ansehen:

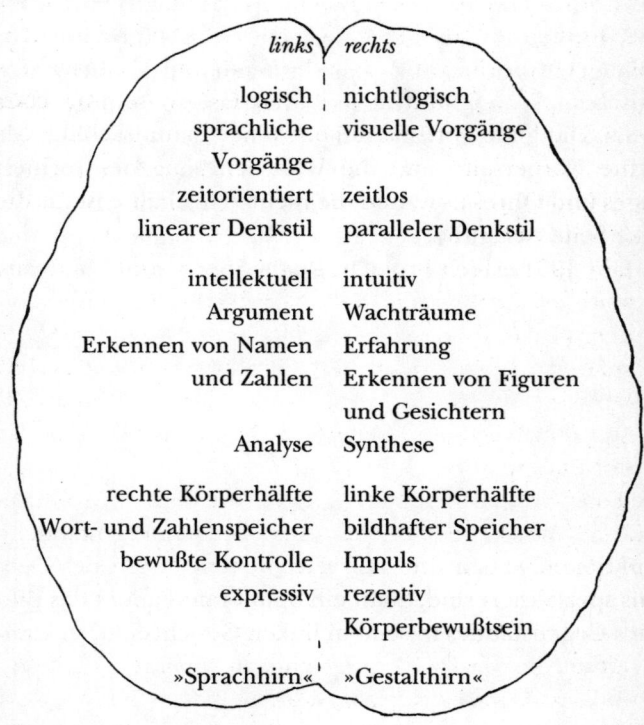

| *links* | *rechts* |
|---|---|
| logisch | nichtlogisch |
| sprachliche Vorgänge | visuelle Vorgänge |
| zeitorientiert | zeitlos |
| linearer Denkstil | paralleler Denkstil |
| intellektuell | intuitiv |
| Argument | Wachträume |
| Erkennen von Namen und Zahlen | Erfahrung |
| | Erkennen von Figuren und Gesichtern |
| Analyse | Synthese |
| rechte Körperhälfte | linke Körperhälfte |
| Wort- und Zahlenspeicher | bildhafter Speicher |
| bewußte Kontrolle | Impuls |
| expressiv | rezeptiv |
| | Körperbewußtsein |
| »Sprachhirn« | »Gestalthirn« |

Das Denken in der linken Hirnhemisphäre geht linear vor sich, verarbeitet Informationen nacheinander und hält sich an eine Reihenfolge. Die Welt wird in überschaubare, benennbare Details zergliedert. Das linke Hirn verzeichnet informative Aspekte und spricht auf verifizierbare Teile der Welt an. Das Denken ist zeitorientiert, bewertend und verbal. Wörter werden nach grammatikalischen Regeln verknüpft und primär als Zeichen verwendet. Das linke Hirn geht nach der Art eines Computers vor, indem es die Informationen in winzige Teile zerlegt, die es nacheinander ordnen und aufreihen kann.

Das Denken in der rechten Hemisphäre ist synthetisch, und Informationen werden gleichzeitig verarbeitet. Die rechte Hälfte denkt in Entsprechungen und Ähnlichkeiten und ist für visuelles Erinnerungsvermögen, räumliche Orientierung, künstlerische Fähigkeiten, plastische Wahrnehmung, Rhythmus und Körperbewußtsein verantwortlich. Die rechte Seite hat kein Gefühl für Zeit oder Beschränkung und ist nicht bewertend. Sie ist ohne Angst und spricht in Bildern, Symbolen und Farben.

# Was nützt uns das Wissen um die funktionelle Asymmetrie der Gehirnhälften?

Je besser die Zusammenarbeit der beiden Gehirnhälften ist, desto besser ist auch die Informationsverarbeitung. Der Balken (Corpus callosum) hat eine Brückenfunktion für die hemisphärische Zusammenarbeit und wird in den ersten Lebensmonaten als eine Art Weichenstation entwickelt. Im Alter von etwa sechs Monaten bildet sich beim Kind ein »Über-Kreuz«-Muster; das heißt, es beginnt beide Seiten des Körpers gemeinsam zu verwenden, wie das zum Beispiel beim Krabbeln der Fall ist. Augen und Ohren beginnen gemeinsam zu funktionieren, und es ist imstande, Hand und Auge zu koordinieren.

Kriechen und Krabbeln des Kindes führen allmählich zu einer koordinierten Zusammenarbeit der beiden Hemisphären. Durch das Bewegen eines Armes und des gegenüberliegenden Beines werden beide Hemisphären gleichzeitig angeregt, da beispielsweise der linke Arm vom rechten Hirn und das rechte Bein vom linken Hirn kontrolliert wird. Die Erfahrung zeigt, daß Kinder, die – aus welchen Gründen auch immer – zu früh zu gehen beginnen und den Entwicklungsschritt des Krabbelns ausgelassen haben, zu Legasthenie und Stottern neigen.

Für das Erlernen von Neuem ist es am besten, wenn beide Hälften aktiv sind und sie über den Balken intensiv kommunizieren können. Eine Gehirnhemisphäre kann die Aufgaben der anderen übernehmen und ebensogut bei Bedarf die eigenen Fähigkeiten einsetzen.

Menschen mit Lernschwierigkeiten blockieren häufig eine Gehirnhälfte, um besseren Zugang zur anderen zu ermöglichen, haben also nur eine Gehirnhälfte aktiv. Solche einseitigen, »abgeschalteten« (homolateralen) Personen haben zu gegebener Zeit aufgrund der verschiedenen Aufgaben der zwei Hälften nur je einen Teil ihrer Fähigkeiten zur Verfügung. Dieses Abschalten läßt solche Menschen die Welt aus zwei ganz verschiedenen Perspektiven betrachten. Entweder sehen sie vor lauter Details das Ganze nicht, oder es ist ihnen unmöglich, sich auf ein Detail zu konzentrieren.

Obwohl diese Zusammenhänge natürlich neurologisch viel komplexer sind, helfen uns die Metaphern von der ganzheitlichen und der analytischen Sicht der Wirklichkeit beim Verstehen von Lernprozessen.

# Mit halber Kraft voraus oder
# Der homolaterale Zustand

Um zu erklären, was das »Abschalten« einer Hirnhälfte bedeutet, möchten wir zunächst zwei Beispiele aus unserer beruflichen Praxis anführen.

Raffael ist ein interessiertes Kind, das aber während mancher Aktivitäten, etwa beim Bilderbuchbetrachten, bei Gedichten und Liedern, immer sehr verträumt wirkt. Er schaltet sein »analytisch-verbales« Ohr ab, das ist jenes, das mit der linken Hirnhälfte gekoppelt ist. Er läßt sich vom Straßenlärm, dem Glucksen der Zentralheizung oder der Sprechmelodie der Kindergärtnerin so weit wegtragen, daß er jegliches Gefühl für die Bedeutung der Worte verliert. So kommt es, daß man ihn als Tagträumer ansieht und auch so behandelt. Raffael versteht die Welt nicht mehr, wo er doch so bemüht ist mitzumachen.

Mario wiederum gehört zu einer anderen Art von »Abschaltern«. Immer wieder ist er emotional so gestreßt, daß er sein vom rezeptiven »Gestalt«-Hirn kontrolliertes »Gestalt«-Auge abschaltet und beim Lesen die Worte zwar in Klangelemente zerlegen, sie aber nicht zu Einheiten verschmelzen oder in seinem visuellen Langzeitgedächtnis speichern kann. Sein Lesen hört sich ganz jämmerlich an.

Gute Ratschläge wie: »Konzentriere dich doch mehr!«, »Paß auf!« oder ähnliche »pädagogische« Maßnahmen bewirken bei Raffael wie bei Mario genau das Gegenteil. Hier setzt die Lerngymnastik mit ihren Fördermaßnahmen ein, um die Kinder aus einer solchen Phase wieder herauszuholen.

Der homolaterale Zustand des einseitigen Abschaltens wird als »nicht integriert« bezeichnet. Er ist keinesfalls nur für kurze Momente vorhanden, sondern die Person kommt nicht wieder aus ihm heraus. Die Tätigkeit wird nicht automatisiert, sie steckt gleichsam fest. Ähnlich ergeht es allen, die zu sehr versuchen, ihre Sache gut zu machen. Sie verlieren den Gesamtüberblick, weil sie ihre Aufmerksamkeit nur auf ein Detail richten, eine typische Eigenschaft der linken Gehirnhälfte. Als Beispiel aus dem Alltag entspricht das dem Fahren auf der Autobahn mit dem ersten Gang. Oder denken Sie an Ihre erste Fahrstunde. Lenken, Kuppeln und Schalten waren im Gegensatz zu den für Sie heute völlig automatisch ablaufenden Tätigkeiten wahre Riesendetails, die Sie von der Gegend kaum etwas sehen ließen. Die Tätigkeit erforderte die gesamte Aufmerksamkeit, ließ keinen Raum für andere Beobachtungen.

Auf körperlicher Ebene heißt das, zum Beispiel bei einer Über-Kreuz-Bewegung nie das Gefühl zu haben, daß die gleichzeitige Bewegung von linker Hand und rechtem Bein (und umgekehrt) automatisch und leicht vor sich geht, sondern immer neu gelernt werden muß. Viele Personen, denen man die Über-Kreuz-Bewegung vorzeigt und die auch ganz aufmerksam zusehen, beginnen die Bewegung mit einem einseitigen Muster (linkes Bein und linker Arm gleichzeitig) und vermeiden so das Überkreuzen der Mittellinie des Körpers und des Gehirns.

Die Erfahrung zeigt, daß viele, die Schwierigkeiten bei dieser Bewegung haben, ihre »Krabbelphase« nicht richtig ausleben konnten, in der das Über-Kreuz-Muster hätte automatisiert werden sollen – noch vor der Entwicklung des Körperbewußtseins. Da die rechte Gehirnhälfte für das Automatisieren verantwortlich ist, übernimmt sie die Führung und entlastet die linke. Diese ist dann wieder frei für neuen »Lernstoff«. Deshalb haben sehr viele Menschen aus der Gruppe der »Nichtkrabbler« legasthene Symptome, weil bei ihnen das Überkreuzen der Mittellinie des Körpers und Gehirns nicht automatisiert ist.

Als weitere sehr häufige Ursache für diesen »abgeschalteten Zustand« nennt Dr. Dennison die übertrieben lange Beschäftigung mit Aktivitäten wie Fernsehen und Computerspielen, bei denen die Aufmerksamkeit auf zwei Dimensionen beschränkt bleibt.

In den sechziger Jahren haben die beiden Wissenschaftler Doman und Delacato mit behinderten Kindern die Über-Kreuz-Bewegung mit Erfolg trainiert, um fehlende Entwicklungsschritte nachzuholen. Daraufhin übernahm man in den Vereinigten Staaten die Über-Kreuz-Bewegung als Allheilmittel für die Schule. Untersuchungen ergaben aber keinen durchschlagenden Erfolg. Bei der Hälfte der Schüler trat eine deutliche Verbesserung der Lernleistung ein, bei der anderen Hälfte zeigte sich keine Steigerung, bei einigen kam es sogar zu einer Verminderung der Lernleistung. Kein Wunder, daß man das »Überkreuzen« bald wieder seinließ.

Die großartige Leistung von Dr. Dennison war es, die wissenschaftlichen Arbeiten von Doman und Delacato weiterzuentwickeln und die Bahnung des neurologischen Über-Kreuz-Flusses zu ermöglichen. Dr. Dennison erkannte dabei die Wichtigkeit der rechten Gehirnhälfte in diesem Zusammenhang. Nur für diejenigen Menschen, die beim Krabbeln das Überkreuzen der Mittellinie automatisiert haben, wo also die rechte Gehirnhälfte die Führung übernommen hatte, ist diese Übung streßfrei und hilfreich.

Diese Bahnung ermöglicht es jedem, das neurologische Defizit auszugleichen und die Mittellinie von Hirn/Körper streßfrei zu überqueren, ohne abzuschalten. Dr. Dennison spricht von »befreiten Bahnen«, beide Hemisphären werden je nach Bedarf einzeln oder gemeinsam aktiv, die körperliche Koordination verbessert sich, und das Immunsystem wird gestärkt.

Es ist aber für jeden Lernprozeß kurzfristig notwendig, daß wir in einen »integrierten homolateralen Zustand« gelangen, um Unbekanntes detailliert zu erfassen und stückweise mit dem Neuen vertraut zu machen. Dieser integrierte homolaterale Zustand ist jedoch jeweils nur sehr kurz. Er entspricht einem Innehalten, dem kurzen Sichzurückziehen vor schwierigen Situationen, dem Schritt-für-Schritt-Durchgehen von Einzelheiten und so fort.

# Mit voller Kraft voraus oder
# Der bilaterale Zustand

Wenn Petra beide Gehirnhälften eingeschaltet hat, kann ihr beispielsweise beim Arbeiten mit den Vorschulblättern das »Gestalt«-Hirn helfen, Bildgeschichten zu ordnen, visuelle Informationen wahrzunehmen, emotional in den Inhalt einzusteigen und so fort. Gleichzeitig ist ihre expressive Hemisphäre behilflich, Bildgeschichten zu erläutern und auch zu verstehen. Petra ist fähig, die Mittellinie zu überqueren und im Mittelfeld zu arbeiten.

Wenn Lydia beide Gehirnhälften eingeschaltet hat, kann ihr etwa beim Lesen das »Gestalt«-Hirn helfen, Phoneme zu erkenntlichen Silben zu verschmelzen, visuelle Informationen wahrzunehmen, Textbezüge herzustellen, emotional in den Text einzusteigen und so fort. Gleichzeitig ist ihre expressive Hemisphäre behilflich, die Worte in Phoneme zurückzuverwandeln, aus der Anordnung der Worte im Satz und ihren Relationen zueinander einen Sinn herzuleiten. Auch Lydia ist fähig, die Mittellinie zu überqueren und im Mittelfeld zu arbeiten.

Visuelles Feld

| Linkes Gesichtsfeld | Mittelfeld | Rechtes Gesichtsfeld |
|---|---|---|
| Lernen im rechten Gehirn | integriertes Lernen | Lernen im linken Gehirn |

Mittellinie

Beim flüssigen Lesen, kreativen Schreiben, Beherrschen der Rechtschreibung, gleichzeitigen Hinhören und Denken sowie Erinnern muß die Mittellinie überquert werden, müssen beide Hemisphären gemeinsam arbeiten. Laut Dr. Dennison haben aber die meisten Kinder bei der Einschulung einen solchen Entwicklungsstand noch nicht, und so bewirkt Lesen bzw. Schreiben das »Abschalten« von Augen und/oder Ohren, um quasi auf »Sparflamme« erfolgreich sein zu können. Binokulares Sehen, beidohriges Hören und die Ganzkörperkoordination hängen alle davon ab, daß die linke und rechte Seite des Gehirns und des Körpers gut kooperieren.

Es gibt aber auch den »nicht integrierten bilateralen Zustand«. In diesem Zustand ist es nicht möglich zurückzuschalten. Im Bild des Autofahrers entspricht das einer Situation auf der Autobahn, bei der man die Gefahr zwar wahrnimmt, aber trotzdem mit dem 5. Gang weiterfährt, ohne zurückzuschalten. Es fällt nicht schwer, dieses Bild des Überdrehtseins auf den Kindergarten oder die Schule zu übertragen.

# Fallbeispiele aus der Praxis

Viele Kleinkinder haben bereits – wie auch die Erwachsenen – viele Stärken und Schwächen. Und SchülerInnen haben ihre Fächer, in denen sie ausgezeichnet sind, und Fächer, die ihnen nicht besonders liegen. Die Edu-K hilft, diese unterschiedlichen Begabungen besser zu verstehen. Es stehen uns zwei Gehirnhälften, zwei Augen, zwei Ohren, zwei Hände, zwei Beine zur Verfügung. Für verschiedene Aufgaben übernimmt ein Auge, ein Ohr, eine Hand und eine Gehirnhälfte die Führung, wird dominant. Das paarige Pendant folgt dann. Je nach Zusammenstellung der Dominanzen ergeben sich die Stärken oder Schwächen einer Person.

Kinesiologische Testverfahren eignen sich dazu, etwa bei Lernschwierigkeiten die Ursachen festzustellen, und mit gezielten Übungen aus dem Lerngymnastikprogramm können die Schüler in die Lage versetzt werden, in Prüfungssituationen wie etwa Klausuren weniger Streß zu empfinden. Dies wird besonders an dem folgenden Beispiel deutlich: Eines Tages rief eine Freundin wegen ihres Sohns Daniel an. Daniel hatte furchtbare Lernschwierigkeiten in Mathematik. Seine Lehrkraft war eine ausgesprochen liebe, fürsorgliche Person mit viel pädagogischem Geschick. Sie zeigte Daniel auch ihre Zuneigung und förderte ihn, wo es nur möglich war. Und trotzdem, sagte die Mutter (selbst Lehrerin), war die Situation in Mathematik kaum zu ertragen. Nicht nur für Daniel, sondern für die ganze Familie.

Mit Hilfe von kinesiologischen Testverfahren gelang es, die Ursachen seiner Schwierigkeiten festzustellen. Mit einer gezielten Korrektur und ausgetesteten Übungen aus dem Lerngymnastikprogramm konnte Daniel die nächste Arbeit ohne besonderen Streß schreiben, wie die abgebildete Postkarte zeigt.

Natürlich kann eine solche gezielte Korrektur nur ein ausgebildeter Kinesiologe durchführen. Trotzdem ist es aber möglich, den SchülerInnen mit Übungen aus dem Lerngymnastikprogramm zu helfen, den Lernalltag leichter und effizienter zu machen.

Im weiteren werden wir einige Fallbeispiele anführen, die Ihnen sicher auch bekannt vorkommen. Beispiel a stammt immer von einem Kind im Vorschulalter, Beispiel b von einem/einer SchülerIn.

## Fallbeispiel 1a

Peters Augen wandern hin und her, er ist nicht imstande, seinen Blick auf einen Punkt zu richten. Es fällt ihm daher schwer, zum Beispiel beim Ausschneiden auf Linien zu achten oder beim Zeichnen und Malen gerade Striche zu ziehen.

Beim Basteln, Zeichnen, Malen, Schneiden vermeidet er den Bereich der Arbeitsfläche, wo sich das Gesichtsfeld überlappt, indem er nur mit einer Gehirnhälfte arbeitet. Er schaltet beim Bemühen, diese Aktivitäten auszuführen, seine rezeptive (rechte) Gehirnhälfte ab, die das ganze Bild sieht.

Er verliert sehr bald die Lust an diesen Aktivitäten und wird als verhaltensauffälliges Kind bezeichnet, das keine Interessen zeigt und nur Unfug im Sinn hat. Peter muß sein »Nichtkönnen« mit einem auffälligen Verhalten kompensieren, um überhaupt wahrgenommen zu werden.

Für Peter ist es sehr wichtig, zu positivem Selbstwert zu kommen, mehr Selbstvertrauen in sein Können zu erlangen, um das »Abschalten« möglichst gering zu halten.

Als Übungen empfehle ich: Gehirnknöpfe, Erdknöpfe, Cook, Positive Punkte, Augenachten, Über-Kreuz-Bewegung, Denkmütze (siehe Übungsteil).

## Fallbeispiel 1b

Die Augen eines Schülers sind nicht imstande, Zeile für Zeile dem Text zu folgen. Sie irren hin und her. Wann immer es möglich ist, wird Lesen und Schreiben vermieden. Da die Augen hin und her wandern, stoppt der Schüler immer wieder beim Lesen und beginnt wieder von vorne.

Beim Basteln, Zeichnen oder Schreiben vermeidet er den Bereich der Arbeitsfläche, wo sich das Gesichtsfeld überlappt, indem er nur mit einer Gehirnhälfte arbeitet. Er schaltet beim Bemühen, ein guter Schüler zu sein, seine rezeptive (rechte) Gehirnhälfte ab, die das ganze Bild sieht. Ein solcher Schüler muß positiven Selbstwert erwerben, um das »Abschalten« möglichst gering zu halten.

Als Übungen für die Schule sind hier zu empfehlen: Gehirnknöpfe, Positive Punkte und Cook, Augenachten, Elefant, Über-Kreuz-Bewegung (siehe Übungsteil).

## Fallbeispiel 2a

Es gibt Kinder, die beim Zeichnen und Malen, Zuhören von Geschichten, Bilderbuchbetrachten und vielen anderen ähnlichen Tätigkeiten ihre die Persönlichkeit prägende Hirnhälfte abschalten, wenn sie unter Leistungsdruck geraten, der entweder von der Umwelt oder von ihnen selbst kommt.

Diese Kinder erkennt man daran, daß sie zum Beispiel beim Bilderbuch den Inhalt nur sehr schwer verarbeiten. Sie können zwar vereinzelte Wörter oder Namen verstehen, sie erinnern sich jedoch nicht an den Inhalt. Informationen werden kaum gespeichert. Dadurch verlieren sie alsbald die Freude an solchen Aktivitäten. Ähnlich ergeht es ihnen beim Zeichnen und Malen. Mit wenigen Strichen ist eine Zeichnung fertig. Die Kindergärtnerin weist dann auf fehlende Details hin, die noch gezeichnet werden sollten. Bei diesen Kindern ist das analytisch-sprachliche Denken vorherrschend.

Andere Kinder erkennt man daran, daß sie trotz künstlerischer Begabung die Freude am gestalterischen Ausdruck nicht haben. Hier ist zu vermuten, daß die Kinder nicht mit der kreativen Gehirnhälfte arbeiten, sondern hauptsächlich die linke Gehirnhälfte verwenden.

Empfehlenswerte Übungen für beide Fälle: Gehirnknöpfe, Erd- und Raumknöpfe, Gleichgewichtsknöpfe, Radfahrer (siehe Übungsteil).

## Fallbeispiel 2b

Es gibt SchülerInnen, die beim Lesen, Schreiben, Zuhören und vielen anderen schulischen Fertigkeiten ihre die Persönlichkeit prägende Hirnhälfte abschalten, wenn sie unter Druck arbeiten.

Diese SchülerInnen erkennt man daran, daß sie etwa beim Lesen den Text nur sehr schwer verarbeiten. Sie können zwar die Worte lesen, aber sie erinnern sich nicht an den Inhalt. Informationen werden kaum gespeichert. Dadurch verlieren sie auch bald die Freude am Lesen. Ähnlich ergeht es ihnen beim Schreiben. Trotz sichtbarer Anstrengung können sie sich nur wenig verbessern. Bei ihnen ist das analytisch-sprachliche Denken vorherrschend.

Andere erkennt man wie in Fallbeispiel 2a daran, daß sie trotz künstlerischer Begabung die Freude am gestalterischen Ausdruck nicht haben. Auch hier ist zu vermuten, daß die SchülerInnen nicht mit der kreativen Gehirnhälfte, sondern hauptsächlich mit der linken Gehirnhälfte arbeiten (nicht integriert homolateral).

Empfehlenswerte Übungen für beide Fälle: Gehirnknöpfe, Erd- und Raumknöpfe, Dirigent, Über-Kreuz-Bewegung, Radfahrer (siehe Übungsteil).

**Fallbeispiel 3a**

Diese Kinder sind den KindergärtnerInnen im allgemeinen am angenehmsten. Sie verstehen immer alles und sind an allem interessiert, jedoch in Streßsituationen fällt ihnen Loslassen und Entspannen sehr schwer. In für sie belastenden Zeiten neigen sie dazu, sich in eine Sache zu verbeißen. Das führt zu einem Mangel an Imagination und Kreativität. Solche Kinder denken in Streßsituationen unter Umständen viel schneller, als sie verbalisieren können, und sprechen vielleicht mit einer hohen schrillen Stimme, was den Streß der linken Hirnhälfte beim Analysieren anzeigt.
Empfehlenswerte Übungen: Gehirnknöpfe, Brummer, Nasenatmung, Positive Punkte, Über-Kreuz-Bewegung, Beckenschaukel, Blumenpflücker (siehe Übungsteil).

**Fallbeispiel 3b**

Wie im Fallbeispiel 3a sind diese SchülerInnen den LehrerInnen im allgemeinen die angenehmsten, und was für die Kinder im Vorschulalter gesagt wurde, trifft auch für die SchülerInnen dieses Typs zu. Sie denken in Streßsituationen unter Umständen viel schneller, als sie lesen, und lesen vielleicht mit einer hohen schrillen Stimme, was den Streß der linken Hirnhälfte beim Analysieren des Textes anzeigt.
Empfehlenswerte Übungen: Gehirnknöpfe, Positive Punkte, Bauchatmen, Über-Kreuz-Bewegung, Nackenrollen, Eule (siehe Übungsteil).

Wir haben diese Beispiele angeführt, um nur ganz verkürzt aufzuzeigen, weshalb das Anbieten von Aktivitäten für KindergärtnerInnen und das Unterrichten für LehrerInnen und das Aufnehmen bzw. Mitlernen für Kinder zeitweise so schwierig ist. Je mehr wir über die Möglichkeiten Bescheid wissen, wie Menschen sich Wissen aneignen und was wir als Hilfestellung anbieten können, desto erfüllter und zufriedener werden wir ErzieherInnen und LehrerInnen sowie unsere Schützlinge sein. Desto mehr Verständnis kann man dann für den anderen aufbringen.

Es wäre wünschenswert für ErzieherInnen, LehrerInnen, die Kinder und deren oft verzweifelte Eltern, wenn man im Kindergarten bzw. in der Schule neben dem täglichen Einsatz der Lerngymnastik eine kinesiologische Beratung einzuführen bereit wäre.

# Anregungen für den Umgang
# mit diesem Buch

Damit Ihnen die Auswahl der Übungen im nächsten Kapitel erleichtert wird, haben wir in der folgenden Tabelle dargestellt, wofür sie sich erfahrungsgemäß besonders eignen. Die Erklärung für die Symbole (Piktogramme) finden Sie im Anschluß an die Tabelle, die Ziffern stehen für die Übungen im folgenden Kapitel. Wenn bei einer Übung nur Symbole für Vorschulkinder bzw. nur für SchülerInnen aufgeführt sind, eignet sie sich vor allem für diese Gruppe.

| Übung | 1 | 2 | 3 | 4 | 5 | 6 | 7 | 8a | 8b | 9 | 10 | 11 | 12 | 13 | 14 | 15 | 16 | 17 | 18 | 19 | 20 | 21 | 22 | 23 | 24 | 25 | 26 | 27 | 28 | 29 | 30 |
|---|---|---|---|---|---|---|---|---|---|---|---|---|---|---|---|---|---|---|---|---|---|---|---|---|---|---|---|---|---|---|---|
| | • | • | | • | • | • | • | | | | | | | | | | • | • | | | | | | | | | | | • | | |
| | • | | | | | | | • | | • | | | | | • | • | | | | | • | | | | | | | | • | | |
| | • | • | | • | • | • | | • | | • | | | | | | | | | | | | | | | | | | | • | | |
| | • | | | | | | | | | | | • | • | | | | | | | | | | | | | | | | • | | |
| | • | • | | • | • | • | • | • | | • | | | | • | • | | • | • | | • | | | | | | | | | • | | |
| | • | | | | | | | | | | • | • | • | • | | | | | • | • | • | | | | • | • | | | • | | |
| | • | | | | | | | | | • | • | • | • | • | | | | | | • | • | | | | | | | | | | |
| | • | | | | | | • | | | • | | | | | | | • | | | • | | | | | | | • | | • | | |
| | • | | | | | | | | • | | | | | • | • | • | • | • | | • | | | | • | • | • | | | • | | |
| | • | | | | | • | | | | • | | | | | | | | | • | | | | | • | | | • | | | | |
| | • | • | | • | • | • | • | • | | • | • | | • | • | • | • | • | | • | | | | | | | | | | • | | |
| | • | | | | | | | • | | | | | | | • | • | | | | | | | | | | | | | • | | |
| | • | • | | • | • | • | • | • | | • | • | | | • | • | • | • | • | | | | | | | | | | | • | | |

37

| Übung | 1 | 2 | 3 | 4 | 5 | 6 | 7 | 8a | 8b | 9 | 10 | 11 | 12 | 13 | 14 | 15 | 16 | 17 | 18 | 19 | 20 | 21 | 22 | 23 | 24 | 25 | 26 | 27 | 28 | 29 | 30 |
|---|---|---|---|---|---|---|---|---|---|---|---|---|---|---|---|---|---|---|---|---|---|---|---|---|---|---|---|---|---|---|---|
| (1) | • | | | | • | • | • | • | | | • | | | | • | | | | | | | | | | • | | • | | | | |
| (2) | • | • | | • | • | • | | • | | • | • | • | • | • | • | • | • | • | • | • | | | | | • | • | • | | • | | |
| (3) | • | | | | • | • | • | • | • | • | • | • | • | • | • | • | | | | | | | | | • | | | | | | • |
| (4) | • | | • | | • | • | | • | • | | • | | | • | • | | | • | • | | • | • | • | | | | | | | • | • |
| (5) | | | • | | | | | | | • | | • | | | | | | | | | • | • | • | • | • | • | | • | | • | • |
| (6) | • | | | | | • | | | | • | | • | • | | • | | | • | • | | • | • | • | • | | | | | | • | • |
| (7) | | | | | | | | | | • | | • | • | | • | • | | • | • | | • | • | • | • | | • | | • | | • | |
| (8) | | | | | | | | | | | • | | • | • | | | | • | • | | • | • | • | | | • | | • | | • | |
| (9) | | | | | | | • | • | • | | | | | | | | | • | • | | | | | | | | | | | | |

38

Die Symbole haben folgende Bedeutungen:
*Vorschulkinder:*

 für Singen und Musizieren

 für Rhythmik

 für Bilderbuch

 für Montessori-material

 für Gedichte

 für Bewegungsspiele (Kreisspiele)

 für Rätsel, Raten

 für Schnelligkeits-, Reaktionsspiele (Wettspiele)

 für Vorschul-blätter

 für Gespräche

 für Basteln

 für Geschichten

 für Zeichnen und Malen

 für Turnen

für Aktivierungs- und Energie- übungen

 für die Verbesserung der Schreibschrift und der Hand-Augen- Koordination

 für emotionalen Streßabbau (vor und nach Schul- arbeiten, Tests...), für die Verbesse- rung der Klassen- atmosphäre (bei Streitigkeiten, Rivalitäten), zur Hebung des Selbst- vertrauens und zum Umgang mit Prüfungsangst

 für den Abbau geisti- ger Müdigkeit und für erhöhte Konzen- tration

 für müheloses Lesen

 für die Rechen- (Mathematik-)Stunde

 für das Schaffen eines Teamgeistes

Wenn Sie Kurzinformationen über den methodischen Hintergrund oder über Übungsvarianten einholen möchten, so finden Sie diese im Anschluß an die jeweilige Übung.

Die Selbsthilfeübungen nach dem Kapitel mit den Übungen sollen es Ihnen ermöglichen, energievoll und mit innerer Stärke arbeiten zu können. Die Wirkung, speziell wenn es einem nicht besonders gut geht, ist rasch und bringt Lebensfreude. Nur muß man es machen, das ist der springende Punkt!

Besonders viel Freude bringt der spielerische, kreative Umgang mit den Bewegungen, indem man selbst oder die Kinder Geschichten dazu erfinden und sie gleichsam die Erzählung mit Bewegung, Gestik und Mimik durchleben.

Wir wünschen Ihnen viel Freude und Erfolg und viel Bewegung in Ihrem Leben.

# Die Übungen

# 1 Frisch und munter mit Wasser, Obst und Gemüse

Immer wenn du dich besonders konzentrieren mußt oder dich nicht sicher fühlst, trink ein Glas Wasser.

## Weitere Informationen, Varianten und didaktische Anregungen

Das Lernen wird jeder Person durch das Trinken von purem Wasser (Leitungswasser oder stille Tafelwässer) mit Raumtemperatur erleichtert. Wasser leitet elektrische Energie sehr gut. Der menschliche Körper besteht zu zwei Dritteln (ungefähr 70 Prozent) aus Wasser. Alle elektrischen und chemischen Aktionen des Gehirns, des Rückenmarks und des peripheren Nervensystems sind abhängig von einer guten elektrischen Leitung. Nur so ist eine optimale Kommunikation zwischen dem Gehirn und den Empfängerorganen möglich.

Ein hoher Prozentsatz der Bevölkerung ist dehydriert und braucht viel Wasser, um den lymphatischen Fluß zu verbessern, Nahrung verarbeiten zu können und für eine adäquate Enzymaktivität zu sorgen. Eine gesteigerte Nierentätigkeit bewirkt auch eine bessere Toxinausscheidung. Eine allgemeine Muskelschwäche im ganzen Körper ist ein anderer Hinweis auf Dehydratation. Interessanterweise bewirkt das Trinken von einem Glas frischem Wasser ein plötzliches Ansteigen des Muskeltonus, aber nicht das Trinken von Fruchtsäften, Tee oder anderen hauptsächlich aus Wasser gemachten Getränken.

Viele Schwierigkeiten, die mit neurologischem Abschalten zusammenhängen, könnten gelindert werden. Speziell in Situationen erhöhter emotionaler Belastung sollte genug Wasser getrunken werden. Die Kinder wirken nach dem Trinken frischer und wacher. Die Eltern sollten ihren Kindern Gemüse und Obst mitgeben, da diese viel Wasser enthalten.

Es ist wichtig, unserem Körper täglich mindestens anderthalb Liter Wasser zuzuführen. Dies kommt uns bei dem großen Durstgefühl der Kinder entgegen. Ich empfehle daher, einen Wasserkrug aufzustellen, damit die Kinder jederzeit selbständig Wasser trinken können.

Ich weise bei den Übungsfolgen nicht mehr extra auf das Wassertrinken hin.

## 2 Brummer

Eine Übung vor allem für Vorschulkinder, die das Gefühl
haben, ihr Inneres sei »ein Bienenhaus«. Diese Übung
erdet und zentriert dich, das Gehirn bekommt mehr Sauerstoff, und du kannst dich besser konzentrieren.

Setz dich bequem und locker auf einen Sessel – du atmest schnarchend durch die Nase ein und summend durch den Mund wieder aus. Diese Übung ist sehr lustbetont und kann auch im Stehen durchgeführt werden. Sie wird mindestens dreimal gemacht.

## Weitere Informationen, Varianten und didaktische Anregungen

Der Brummer fördert das richtige und bewußte Ein- und Ausatmen. Das lustbetonte schnarchende Einatmen und summende Ausatmen führt zu einer bewußten Atemtechnik. Lachen über die eigenen Laute und die der anderen Kinder ist erlaubt und sogar erwünscht.

Wie wichtig gerade die Atmung beim Singen und Sprechen ist, wissen wir aus eigener Erfahrung. Diese Übung sollte langsam auf bis zu zehnmal gesteigert werden.

# 3 Stille und Bauchatmen

Eine Übung für SchülerInnen, die das Gefühl haben, ihr Inneres sei »ein Bienenhaus«.

Stell dich schulterbreit auf, und leg beide Hände (übereinander) auf den Nabel. Die Knaben legen die rechte Hand über die linke, bei den Mädchen liegt die rechte am Bauch, und die linke kommt darüber zu liegen.

Schließ die Augen, und beobachte das Wölben des Bauches beim Einatmen und das Senken des Bauches beim Ausatmen.

Laß die Gedanken kommen und gehen, ohne einem nachzugehen, und werde leer. Die Stille mit einer halben Minute beginnen und dann die Dauer steigern.

## Weitere Informationen, Varianten und didaktische Anregungen

Die Dauer der Stille sollte langsam von etwa einer halben Minute bis zu einer Minute aufwärts gesteigert werden. Stillsein, während draußen vielleicht noch sehr vieles zu hören ist, ist für viele Menschen nicht leicht. Je ruhiger der Atem geht, desto ruhiger sind auch die Gedanken, und desto eher stellt sich ein guter Lernerfolg ein.

Die Übung kann man energetisch noch dadurch verstärken, daß man die Zunge auf den oberen Gaumen hinter die Schneidezähne legt.

Nach Pausen, in denen es laut zugegangen ist, oder nach einer Schularbeit, wenn man gerade die Ergebnisse vergleicht, ist eine klare Trennung zur Unterrichtsstunde hin für alle Beteiligten am Unterrichtsgeschehen von Vorteil.

### Varianten mit mentaler Vorstellung

– Spüre dem Atem nach, wie er kühl und erfrischend durch die Nase einströmt, und laß ihn dann langsam durch den Mund wieder ausströmen. Ist es nicht wunderschön, wie einfach man Energie tanken kann? Mit jedem Einatmen füllst du deinen Körper wieder mit neuer, frischer Energie und atmest alles Verbrauchte und Hinderliche aus.

- Stell dir im Bauchraum eine Energiekugel vor, die sich beim Einatmen mit Energie füllt, und bringe diese Energie im Ausatmen zu allen Zellen des Körpers.
- Atme mit jedem Atemzug frisches weißes Licht ein, und atme alles, was dich belastet, aus.
- Leg dich bequem hin, und leg die Hände übereinander auf den Bauch, oder nimm ein oder zwei Bücher, und leg sie in die Nabelgegend. Beobachte das Auf und Ab, während du ein- und ausatmest. Du bist während der Übung mit deiner Aufmerksamkeit nur in deinem Körper.
- Stell dir im Bauchraum eine brennende Kerze vor. Die Flammenhöhe wächst mit dem Einatmen, und Licht und Wärme durchströmen dich. Mit dem Ausatmen sinkt die Flammenhöhe wieder auf die Ausgangsgröße.
- Inneres Lächeln: Stell dir vor, es begegnet dir jemand, den du sehr magst. Du lächelst die Person freundlich an. Mit diesem freundlichen und liebevollen Lächeln machst du eine Körperreise durch dein Inneres. Bedanke dich bei deinen Organen für ihre Tätigkeiten und ihr gutes Funktionieren. Bedenke, was sie alles für dich tun.

Die Körperreise wird je nach Altersstufe vom Lehrer angeleitet oder von den Schülern allein durchgeführt.

# 4 Nasenatmen

Diese Übung zentriert und erdet dich, dein Gehirn bekommt mehr Sauerstoff, du fühlst dich frisch und kannst dich besser konzentrieren.

Du sitzt bequem und entspannt auf einem Sessel oder auf dem Boden oder stehst, hältst mit dem Daumen einer Hand ein Nasenloch zu, atmest durch das andere Nasenloch ein, indem du bis vier zählst, hältst dieses Nasenloch mit dem Zeigefinger derselben Hand zu und atmest durch das andere Nasenloch wieder aus und zählst bis sechs. Dann atmest du durch dasselbe Nasenloch wieder ein und zählst bis vier und wiederholst den Vorgang.

Diese Übung wird mindestens dreimal gemacht.

## Weitere Informationen, Varianten und didaktische Anregungen

Diese Atemtechnik braucht etwas Geduld bei der Einführung. Ich habe beobachtet, daß gerade Kleinkindern
die Nasenatmung schwerfällt. Meistens haben sie auch nur
eine oberflächliche Brustatmung.

Bei dieser Übung wird die Atmung aktiviert, dem Gehirn
und dem Blut wird mehr Sauerstoff zugeführt, und linke
und rechte Gehirnhälfte werden miteinander verbunden.

# 5 Einschalten der drei Körperdimensionen links–rechts, oben–unten und vorne–hinten

Eine Übung für SchülerInnen, die sich irgendwie verwirrt vorkommen, und Vorschulkinder, die mehr Energie wollen.

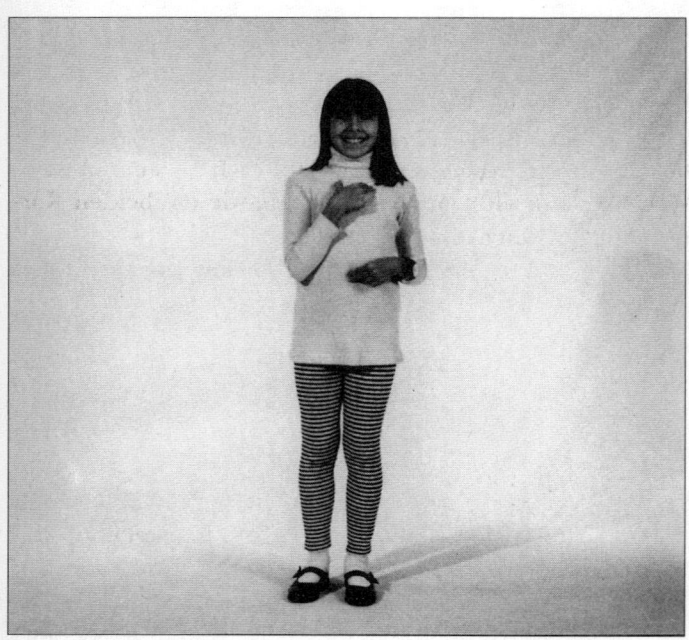

Für das Einschalten von links–rechts

*Vorschulkinder:*
Berühre mit einer Hand den Nabel und mit dem Daumen
und den vier Fingern der anderen Hand die beiden Grübchen unterhalb des Schlüsselbeins links und rechts vom
Brustbein. Massiere die beiden Grübchen so, daß es für
dich angenehm ist. Die Übung sollte mindestens eine halbe Minute ausgeführt werden.

*SchülerInnen:*
Berühre mit Zeige- und Mittelfinger der linken Hand den
Nabel und mit dem Daumen und dem Zeige- und Mittel-
finger der rechten Hand die beiden Mulden unterhalb des
Schlüsselbeins links und rechts vom Brustbein. Massiere die
beiden oberen Punkte so, daß es für dich angenehm ist.
Wechsle dann die Hände und spüre, wie die beiden Kör-
perseiten zu einem Ganzen werden.
Die Übung sollte mindestens eine halbe Minute ausgeführt
werden.

Für das Einschalten von oben–unten

*Vorschulkinder:*
Berühre mit einer Hand den Nabel und mit dem Daumen
und den vier Fingern der anderen Hand die Stellen unterhalb und oberhalb der Lippen. Massiere die beiden oberen
Punkte so, daß es für dich angenehm ist.
Die Übung sollte mindestens eine halbe Minute ausgeführt
werden.

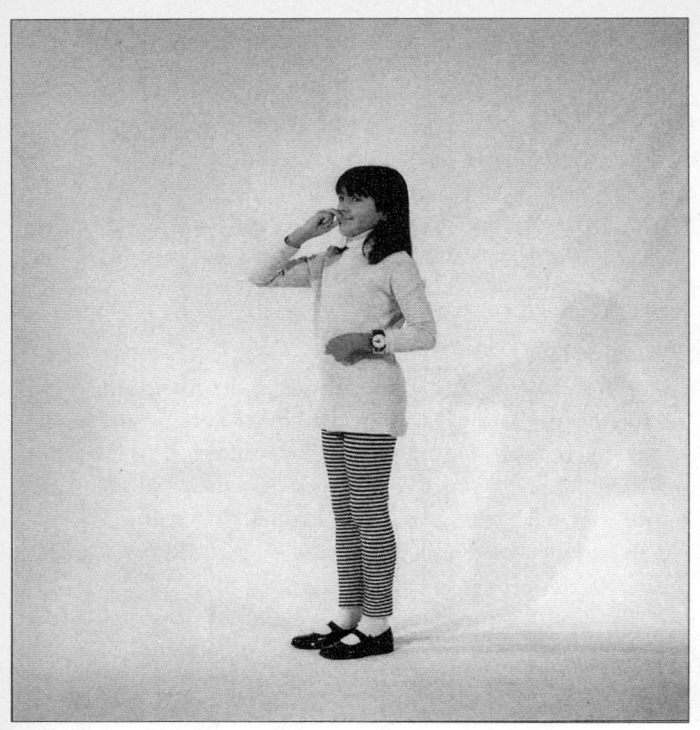

Berühre mit Zeige- und Mittelfinger der linken Hand den
Nabel und mit dem Daumen und Zeige- und Mittelfinger
der rechten Hand die Stellen unterhalb und oberhalb der
Lippen. Massiere die beiden oberen Punkte so, daß es für
dich angenehm ist.
Wechsle dann die Hände und spüre, wie Kopf und Körper
zusammengehören. Die Übung sollte mindestens eine halbe Minute ausgeführt werden.

Für das Einschalten von vorn–hinten

*Vorschulkinder:*
Berühre mit einer Hand den Nabel und mit dem Daumen
und den vier Fingern der anderen Hand das Steißbein, dort
wo die Pobacken beginnen.
Die Übung sollte mindestens eine halbe Minute ausgeführt
werden.

*SchülerInnen:*

Berühre mit Zeige- und Mittelfinger der linken Hand den Nabel und mit Zeige- und Mittelfinger der rechten Hand das Steißbein dort, wo die Pobacken beginnen.

Wechsle dann die Hände, und spüre gleichzeitig deine Vorderseite und deine Rückseite.

Die Übung sollte mindestens eine halbe Minute ausgeführt werden.

## Weitere Informationen, Varianten und didaktische Anregungen

Nicht nur für Kinder im Vorschulalter, sondern auch für jüngere SchülerInnen ist es oft günstiger, wenn sie die Punkte nicht mit zwei Fingern halten, sondern mit der ganzen Hand.

Sehr vertieft wird die Übung noch durch das Spielen von langsamer meditativer Musik, bei der sie je nach Dimension mit dem ganzen Körper nach links und rechts, vorne und hinten oder nach oben und unten schwingen.

Viele Aufnahme- und Lernprobleme resultieren aus Energiemustern im Körper, die nicht ausbalanciert sind. Der Ausdruck »Energiemuster« bezieht sich auf das Meridiansystem, wie es die Chinesen seit Jahrtausenden in der Akupunkturtherapie verwenden. Existieren Blockaden im energetischen Fluß der Akupunkturmeridiane, so funktioniert der Organismus nicht normal, und es herrscht eine allgemeine neurologische Desorganisation im Körper.

Das dreidimensionale Einschalten bringt zumindest eine vorübergehende bessere Kommunikation zwischen den verschiedenen Energiemustern der Akupunkturmeridiane. Der Informationsfluß zwischen oben und unten, links und rechts, vorne und hinten im Körper wird verbessert und bildet so die Basis für ungestörtes Lernen und bessere Konzentration und verschafft eine Minderung eines etwaigen hyperaktiven Verhaltens. Die Verarbeitung von Sinnesinformationen wird erheblich verbessert und Streß vermieden. Die Kinder wirken nach dem dreidimensionalen Einschalten oft nicht so verwirrt und/oder abgeschaltet, und ihre Reaktionen sind angemessener.

Kinder mit schwacher neurologischer Organisation sind oft schlechte Leser, da sie ihre beiden Augen nicht gut koordinieren können und sie nicht effizient genug miteinander funktionieren. Viele werden immer auffallend müde beim Lesen und schläfern auch die anderen ein. Solche Kinder verweigern zumeist, Bücher als Freunde anzunehmen. Eine neurologische Desorganisation weisen auch Kinder auf, die sich während des Gehens und Laufens nicht rhythmisch bewegen. Ihr Laufen sieht so unbeholfen aus, die Arme bewegen sich ungeordnet und nicht in der Art des Über-Kreuz-Musters: linker Arm/rechtes Bein, dann rechter Arm/linkes Bein in Aktion.

# 6 Gorilla (Wecken der Lebensgeister)

Das ist eine Übung für alle, die mehr Energie wollen!

Klopfe abwechselnd auf die linke und die rechte Schulter. Beginne dann den linken Arm auf der Innenseite von der Schulter an bis hinunter zu den Fingerspitzen mit der flachen Hand abzuklopfen. Dreh dann den Arm um, und klopf die Außenseite wieder hinauf bis zur Schulter. Anschließend schüttle mit völlig locker hängendem Arm die Schulter aus. Wechsle dann zur anderen Schulter, und geh mit dem rechten Arm genauso vor.

Sind beide Arme aktiviert, beginne mit den Fingerkuppen beider Hände, links und rechts vom Mittelscheitel ab dem Haaransatz einige Male auf den Schädel zu klopfen, dann mit den beiden Handflächen weiter über den Hinterkopf, den Hals und den Nacken entlang der Außenseite deines Körpers über Rücken, Gesäß, Ober- und Unterschenkel bis zu den Zehen.

Die Innenseite der beiden Beine wieder hinauf und vom Bauch weiter hoch, bis die Übung am oberen Teil des Brustbeins mit einem Trommeln endet. Die Übung wird ein- bis dreimal ausgeführt.

## Weitere Informationen, Varianten und didaktische Anregungen

Diese Übung wird von den Kindern sehr geschätzt und macht viel Spaß. Nicht nur wegen der spürbaren Aktivierung des Akupunkturmeridiansystems, sondern auch wegen der Lautstärke, die dabei entwickelt werden darf.

Das Klopfen links und rechts vom Mittelscheitel kann mit dem »Aufwecken der grauen Zellen« verknüpft werden. Das Klopfen auf die Schulter ist eine positive Affirmation. Das Trommeln auf das Brustbein erinnert alle immer sehr an das Imponiergehabe eines Gorillas und wird auch jedesmal akustisch untermauert: physiologisch entspricht es der Aktivierung der Thymusdrüse. Beim Schulterausschütteln kann das Kind mental alles ihm Unangenehme abschütteln.

Die Übung wird je nach dem energetischen Durchhängen einmal oder öfter durchgeführt. Das Klopfen kann mit der flachen Hand oder der Faust erfolgen.

Oft haben die Kinder (vor allem jüngere) Schwierigkeiten mit links und rechts. Lassen Sie die Kinder selber wählen, mit welcher Seite sie beginnen. Es ist daher günstig zu sagen: »*Eine* Schulter (Arm, Bein), *andere* Schulter (Arm, Bein).«

## Ruhige Variante

Vor Beginn der Übung die Hände gut reiben oder trocken »waschen«. Dann wie vorhin vorgehen, nur ohne den Körper zu berühren. Die flache Hand streicht in zirka zwei Zentimeter Entfernung ganz langsam über den Körper. Meditative Musik ist eine gute Unterstützung bei dieser Variante.

# 7 Tiger

Das ist eine Übung für alle mit »Wut im Bauch« und für alle, die innere Spannung loslassen wollen.

Stell dir vor, du bist ein wilder Tiger im Dschungel. Du hast Riesenpranken mit scharfen, langen Krallen daran.
Vor dir hast du einen Baum, an dessen Rinde du deine Krallen schärfst.
Denk an die Situation oder die Person, die dich so wütend macht.
Geh im Ausatmen in die Hocke, die Arme schon vorgestreckt. Im Aufstehen atmest du laut durch die Nase ein

und schaust ganz wütend, setze die Krallen in der Rinde des Baumes ein. Mit dem Ausatmen gehst du pfauchend wieder in die Hocke. Das machst du insgesamt achtmal, beim neuntenmal gehst du mit den Pranken nur noch bis auf die Höhe des Bauchraumes. Kreuze die Arme, und öffne mit einem Schrei aus deinem Innersten die Arme soweit wie möglich.

## Weitere Informationen, Varianten und didaktische Anregungen

Sehr günstig ist es, vor der Übung immer darauf zu achten, daß genug Platz vorhanden ist und die Kinder einander nicht von hinten anschreien. Das ist eine Übung zum Aggressionsabbau, die von den Kindern sehr gern angenommen wird.

Die Übung wird am günstigsten im Turnsaal oder im Freien oder in gut schallisolierten Klassen gemacht.

Heißer Tip: Wie wäre es, wenn Sie mit Ihren KollegInnen diese Übung etwa bei einer Konferenz im Lehrerzimmer einmal gemeinsam ausführen?

Diese sozial verträgliche Form des Dampfablassens soll sich in Asien sehr bewähren. Arbeitnehmer machen diese Übung zum Beispiel vor einem Bild des Chefs! Einsatzbereiche in unseren Einrichtungen und schulischen Strukturen gibt es ebenfalls genug.

# 8a Cook-Übung im Sitzen

Das ist eine Übung für alle mit dem Wunsch nach innerem Frieden.

*Phase 1:*
Setz dich aufrecht und bequem hin, und leg zum Beispiel das linke Bein über das rechte Knie. Die rechte Hand ergreift den linken Außenknöchel, die linke Hand leg um den Fußballen des linken Fußes.

Die Atmung geht ruhig und tief. Beim Einatmen durch die Nase leg die Zunge an den oberen Gaumen hinter die Schneidezähne, beim Ausatmen durch den Mund legst du die Zunge an den unteren Gaumen.

*Phase 2:*
Sitz weiterhin aufrecht und bequem, und stell beide Füße auf den Boden. Bring die Fingerspitzen beider Hände langsam zusammen.
Die Atmung bleibt gleich wie in Phase 1.
Für jede der beiden Phasen sollte man sich eine Minute Zeit nehmen.

## Weitere Informationen, Varianten und didaktische Anregungen

Die »Cook-Methode« balanciert die Energie aller Akupunkturmeridiane aus. Die Dauer jeder Phase sollte mindestens eine Minute betragen.
Aus Erfahrung wissen wir aber, daß die Kinder nach einer
Gewöhnungszeit länger in diesen beiden Positionen ver-
bleiben wollen. Sie fühlen sich nachher viel ausgeglichener
und ruhiger.
Die Übung ist hervorragend geeignet:
– für das Einstimmen auf ein Thema,
– nach Schularbeiten und Tests,
– nach Streitereien und Raufereien in der Pause,
– vor Gebeten oder Phantasiereisen.

Der Name der Übung ist übrigens auf Wayne Cook zurück-
zuführen, einen Experten für elektromagnetische Energie.

# 8b Cook-Übung im Liegen

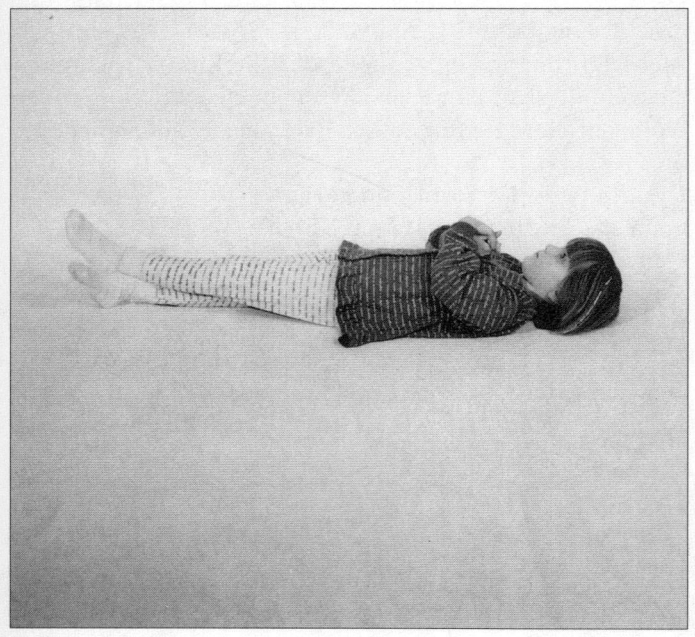

*Phase 1:*
Leg dich auf den Rücken, und bring dein linkes Bein über das rechte (oder umgekehrt, je nach deinem Gefühl).
Streck die Arme aus, und bring die Handrücken zusammen.
Kreuze sie, und bring die beiden Handflächen zusammen.
Verschränke dann die Hände, und bring sie mit einer Drehung zur Brust. Die Atmung ist wieder gleich wie in der Sitzposition.

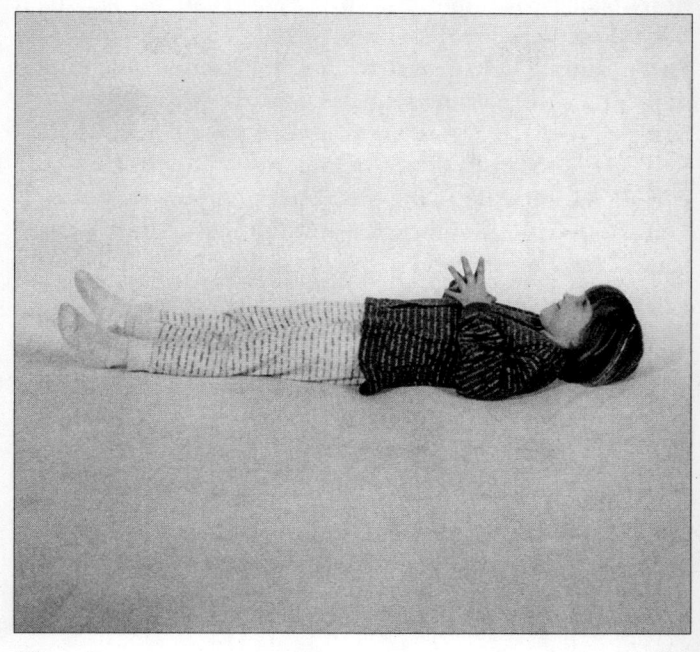

*Phase 2:*
In der zweiten Phase entkreuze die Beine, und bring die Fingerspitzen beider Hände zusammen. Die Atmung ist wieder analog wie vorhin.
Für jede der beiden Phasen sollte man sich eine Minute Zeit nehmen.

## Weitere Informationen, Varianten und didaktische Anregungen

Vollständigkeitshalber und wegen der großen Bedeutung des Abbaus von emotionalem Streß erwähnen wir auch noch diese Variante der »Cook«-Übung. Sie sollte nicht im Sitzen durchgeführt werden, um den Kindern nicht eine schlampige Sitzhaltung schmackhaft zu machen.

Man kann diese Bewegungsmuster aber auch im Stehen üben. Hierbei ist es dann wichtig, den Kindern zu sagen, daß sie während der Übung die Augen offenhalten sollen. Manche werden nämlich schwindlig, wenn sie dabei die Augen geschlossen halten.

# 9 Gehirnknöpfe

Die Übung hilft dir, mit deinem ganzen Gehirn zu denken.

*Vorschulkinder:*
Eine Hand liegt auf dem Nabel, während Daumen einerseits und vier Finger (oder zwei Finger [Zeige- und Mittelfinger]) andererseits links und rechts unterhalb des Schlüs-

selbeins am äußeren Rand des Brustbeins die Grübchen massieren. Diese Übung wird mindestens eine halbe Minute ausgeführt.

*SchülerInnen:*
Zeige- und Mittelfinger der einen Hand liegen auf dem Nabel, während Daumen einerseits und Zeige- und Mittelfinger andererseits links und rechts unterhalb des Schlüsselbeins am äußeren Rand des Brustbeins die Dellen massieren.
Nach etwa einer Minute Handwechsel.

## Weitere Informationen, Varianten und didaktische Anregungen

Diese Übung dient zur Verbesserung der Kommunikation zwischen linker und rechter Gehirnhälfte.
Während des Berührens oder Rubbelns kann man auch noch zusätzlich die Augen im und gegen den Uhrzeigersinn kreisen lassen, der Kopf bewegt sich dabei nicht mit.
Sollte das zusätzliche Wechseln der Blickrichtungen das Kind überfordern, dann muß man das Augenkreisen weglassen.
Eine Kollegin erzählte, daß die Kinder diverse Aufweckoder Zauberpunkte nennen. Auch hat sie beobachtet, daß die Kinder sich oft unbewußt während des Spielens diese Punkte massieren. Oder wenn Kinder mit einer Aktivität, etwa den Vorschulblättern, früher fertig sind, dürfen sie, um die Wartezeit zu verkürzen, einstweilen die Knöpfe bzw. Punkte massieren oder halten.
Die Gehirnknöpfe sind als Vorübung für alle jene Übungen zu empfehlen, bei denen die Körper/Gehirn-Mittel-

linie überquert wird, wie zum Beispiel bei der Über-Kreuz-
Bewegung, der Augenacht oder beim Elefanten.
Da die Kinder oft sehr unsicher sind, wo die Gehirnknöpfe nun wirklich sind, und sie sie schon manchmal am Hals
suchen, zeigt die Grafik die genaue Lage.

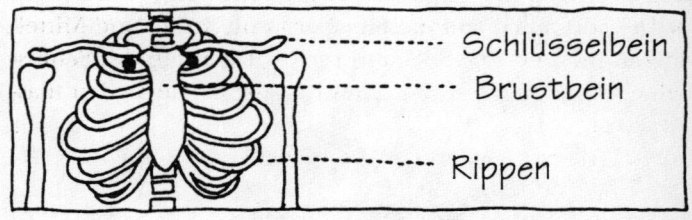

Ein Bild sagt eben mehr als tausend Worte.

# 10 Positive Punkte (Stirnbeinhöcker)

Das ist eine Übung für sehr stressige Zeiten, in denen du weder ein noch aus weißt, aber auch zum Aggressionsabbau.

Berühre mit Zeige- und Mittelfinger jeder Hand die Stellen auf der Stirn, die ungefähr in der Mitte der Verbindungslinie Augenbrauenmitte und Haaransatz zu finden sind. Diese kleinen Höcker werden leicht massiert oder gehalten. Die Übung wird so lange ausgeführt, wie es die Zeit erlaubt und bis man sich wieder wohler fühlt.

## Weitere Informationen, Varianten und didaktische Anregungen

Es ist am Anfang sehr günstig, den Kindern zu sagen, daß die Übung nicht das Problem wegzaubern kann oder es einfach verdrängt werden soll – genau das Gegenteil ist der Fall.

Der Vorgang kann verglichen werden mit einem optischen Gerät, das alles verkleinert erscheinen läßt. Die Größenverhältnisse haben sich verändert. Das Problem ist kleiner geworden, weil der Abstand zu ihm größer geworden ist.

Denkt man gerade an ein Problem, so wird der Puls, den man an den beiden Stellen der Stirnbeinhöcker spürt, sehr asynchron.

Bei jüngeren ängstlichen Kindern oder Kindern mit Wutausbrüchen (aggressivem Verhalten) kann auch der/die KindergärtnerIn – bzw. LehrerIn – dem Kind die Positiven Punkte halten, bis sich das Kind beruhigt hat.

## Affirmationen

Wir führen hier einige Affirmationen an, die entsprechend der Situation ausgebaut und verändert werden können:
– Ich kann es, ich will es, ich tue es.
– Ich gebe, was auch immer geschieht, mein Bestes.
– Ich (Name) schaffe es, du (Name) schaffst es, er/sie (Name) schafft es.
– Ich lerne leicht.
– Ich kann mich gut konzentrieren.
– Ich drücke mich klar aus.
– Ich verstehe, was ich höre.
– Ich lerne aus Fehlern.

- Ich mag mich so, wie ich bin.
- Ich kann mich genau erinnern.
- Ich führe zu Ende, was ich anfange.
- Ich erinnere mich an das, was ich wissen soll.
- Ich vertraue dem/der KindergärtnerIn bzw. LehrerIn, und er/sie behandelt mich gut.
- Ich bin es wert, daß man mich mag.

Zur Erhöhung der Wirksamkeit der Affirmationen kann man sie auf einen Zettel aufschreiben, mit Zeichnungen schmücken und einige Male in der Wohnung oder im Kindergarten aufhängen.

Die Affirmationen immer nur so formulieren, als ob man das Ziel schon erreicht hätte. Immer positiv formulieren, sonst erreicht man gerade das Gegenteil von der Zielvorstellung.

Sprechen Sie mit den Kindern darüber, daß sie selbst dafür verantwortlich sind, wie sie sich fühlen. Wenn sich jemand selbst verändert, so verändert sich alles um einen herum. Es ist wichtig, sich selbst zu loben und Mut zuzusprechen. Fehler sind ein wesentlicher Bestandteil eines Lernprozesses. Stehe zu deinen Fehlern und schau, was du aus ihnen lernen kannst. Es ist wichtig, nicht nur den Körper fit zu halten, sondern auch die Vorstellungskraft. Sie ist das Tor zum Lernen auf allen Ebenen.

Wie stark das Imaginieren wirken kann, zeigt folgendes Beispiel: Die zehnjährige Tochter eines Bekannten hatte arge Probleme mit ihrer Zeichenlehrerin. Sie brauchte nur an sie zu denken, und schon hatte sie Magenschmerzen aus lauter Furcht vor der ihrer Meinung nach lauten, wortgewaltigen Dame. Das Mädchen kam zu einer Einzelsitzung. Im Verlauf der Stunde stellte sie sich unter anderem ihre Lehrerin als nettes, liebes Mädchen vor, plauderte und spielte mit ihr. Sie wiederholte die Übung einige Male und rief nach einigen Tagen hoch erfreut und stolz an und bedankte sich mit dem sehr einprägsamen Satz: »*Ich fühle mich so stark wie ein Löwe!*« Und es hörte sich auch so an.

## Kombinierte Übung für SchülerInnen

Ist die nötige Zeit und das Bedürfnis nach innerer Sammlung vorhanden, können die beiden Übungen »Positive Punkte« und die »Cook«-Methode kombiniert werden. Es wird dabei einerseits tiefe Entspannung erreicht, andererseits erleben sich die SchülerInnen in der Rolle des Helfenden und erwerben so größere soziale Kompetenz. Dies ist ein Aspekt, der uns als sehr wesentlich erscheint.

Wenn die Schule sich als ein Ort der Offenheit gegenüber innerem Wachstum und gegenseitigen Helfens verstärkt erleben läßt, wird auch in den SchülerInnen immer mehr der Glaube an ihre Fähigkeit zum Lernen und zum liebevollen Miteinander reifen. Man kann sich kaum vorstellen, wie rührend auch sogenannte »verhaltensauffällige« SchülerInnen sich um ihre MitschülerInnen annehmen.

Doch nun zum Ablauf der kombinierten Übung: Während das eine Kind auf einem Sessel sitzend in die Cook-Position (Phase 1 und spätere Phase 2) geht, hält das andere die Positiven Punkte des sitzenden Kindes mit jeweils Zeige- und Mittelfinger oder umfaßt mit der einen Hand die Stirn und mit der zweiten Hand den Hinterkopf.

Die kombinierte Übung kann aber natürlich auch in der Liegevariante durchgeführt werden. Der Kopf der liegenden Person ruht dann auf dem Schoß der zweiten Person. Die Übung hilft, emotionalen Streß abzubauen, und führt zu einer positiven inneren Haltung, weshalb sie Dr. Dennison auch »Positive Punkte« genannt hat. Diese Punkte sind Reflexpunkte des Magenmeridians und bringen Energie und Aufmerksamkeit in einen Bereich des Gehirns, wo das rationale Denken ohne emotionale Interferenz verfügbar ist.

Der/die SchülerIn soll die Augen schließen, und während er/sie selbst oder jemand anders die Stirnbeinhöcker berührt, geht er/sie im Gedanken das Problem vom Anfang bis zum Ende durch.

Meistens wird sehr rasch eine Erleichterung verspürt, das Problem nicht mehr als so übermächtig empfunden, die emotionale Belastung verringert. Dies zeigt sich zum Beispiel durch ein Glucksen in den Gedärmen an, durch Änderung des Atemrhythmus, oder man merkt eine deutliche Verringerung des Lidtremors. Oder dadurch, daß man sich den Vorfall nicht mehr vorstellen kann. Es wird alles uninteressant.

Sollten Sie als LehrerIn die Zeit des Phasenwechsels vorgeben wollen, dann ist es für die SchülerInnen sehr angenehm, wenn Sie Ihre Stimme der Stimmung anpassen und sehr leise das Zeichen zum Wechseln oder Aufhören geben. Dauer der Übung sollte zumindest eine Minute sein.


## Varianten

- Anstatt nur mit den Fingerkuppen die Stirnbeinhöcker zu berühren, kann man auch eine Hand auf die Stirn, die zweite hinten auf den Hinterkopf legen.
- Die Positiven Punkte halten und mit offenen Augen Kreise in beide Richtungen ziehen, während an das Problem oder die belastende Situation gedacht wird.
- Die Positiven Punkte halten und mit geschlossenen Augen Kreise in beiden Richtungen ziehen.

80

- Während die Positiven Punkte gehalten werden, kann man mit Hilfe von Affirmationen Veränderungen in der Einstellung herbeiführen. Das Kind stellt sich den Wunsch, der Wirklichkeit werden soll, mit möglichst vielen Sinnen vor.
- Die Punkte können auch intensiv massiert werden, um visuellen Streß loszulassen.
- Palmieren: Die Hände zuerst kräftig reiben oder trocken »waschen«. Dann die Hände über die Augen legen. Die Fingerspitzen berühren dabei die Positiven Punkte. Wirkt sich günstig aus bei übermüdeten Augen.

# 11 Erdknöpfe

Die Übung löst geistige Müdigkeit auf, erdet und zentriert.

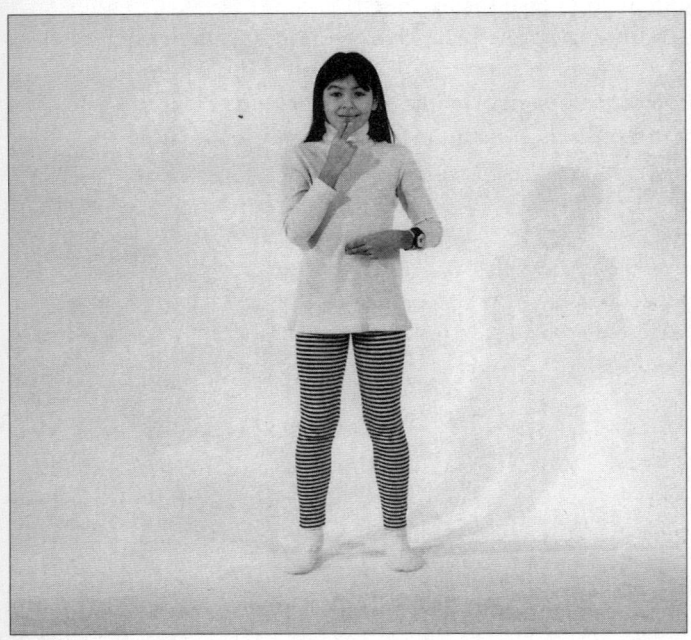

*Vorschulkinder:*
Berühre mit einer Hand den Nabel und mit der anderen
Hand die Stelle unterhalb der Unterlippe. Wechsle nach
einigen tiefen Atemzügen die Hände, und setz die Übung
fort, indem du die Augen immer wieder hinauf- und hin-
unterwandern läßt. Diese Übung wird mindestens eine halbe Minute ausgeführt.

*SchülerInnen:*
Berühre mit Zeige- und Mittelfinger der einen Hand den Nabel und mit Zeige- und Mittelfinger der anderen Hand die Stelle unterhalb der Unterlippe. Wechsle nach einigen tiefen Atemzügen die Hände, und setz die Übung fort. Such dir eine Kante im Zimmer, die du dann mit den Augen auf und ab fährst.

## Weitere Informationen, Varianten und didaktische Anregungen

Dr. Dennison zeigt die Übung zumeist mit der einen Hand unter der Unterlippe und der zweiten auf der Oberkante des Schambeins.

Unsere Erfahrungen ließen uns die Körpermittellinie sehr bald vom Schambeinrand zum Nabel hinaufwandern, der viel weniger in der Tabuzone beheimatet ist als das Schambein.

Das Halten der Erdknöpfe aktiviert einen der acht Sonderakupunkturmeridiane, das Zentralgefäß oder Dienergefäß. Er verläuft vom Damm die Körpermittellinie entlang über das Kinn bis unterhalb der Unterlippe.

Nach langem Sitzen, geistiger Überanstrengung, emotionalen Problemen und innerer Unruhe gibt es in diesem Meridian Blockaden, die durch Massieren oder festes Halten zumeist beseitigt werden können.

Die Übung erdet und zentriert. Sie aktiviert die Fähigkeit, im Mittelfeld zu arbeiten, und fördert das visuelle Anpassen für den Übergang vom Fern- zum Nahsehen, zum Beispiel von der Tafel auf die Heftseite oder das Arbeitsbuch. Die Übung hilft, die Augen waagerecht und senkrecht ohne Verwirrung zu bewegen und beim Lesen in der richtigen Zeile zu bleiben. Besonders günstig ist sie für Kinder, die oft müde werden, geistig oder körperlich.

## Varianten

Das Aktivieren des Zentralgefäßes kann man auch erreichen, indem man zum Beispiel selbst oder jemand anders mit der Hand die Körpermitte von Höhe Schambein bis unterhalb der Unterlippe einige Male hinaufstreicht, ohne den Körper dabei zu berühren.
Sehr positiv wirkt sich auch das Massieren der beiden Bereiche zwischen Schulter und Brust aus (siehe Abbildung). Die Übung kann verstärkt werden durch die Vorstellung, daß Energie oder Licht hochgezogen wird.

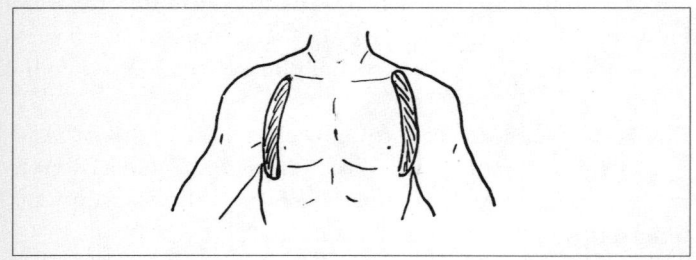

# 12 Raumknöpfe

Diese Übung macht frisch, wach und aufnahmefähig.

*Vorschulkinder:*
Berühre mit einer Hand den Nabel und mit der anderen
Hand die Stelle oberhalb der Oberlippe. Wechsle nach
einigen tiefen Atemzügen die Hände, und setz die Übung
fort, indem du die Augen immer wieder hinauf- und hin-
unterwandern läßt. Diese Übung wird mindestens eine halbe Minute ausgeführt.

Berühre mit Zeige- und Mittelfinger der einen Hand den Nabel und mit Zeige- und Mittelfinger der anderen Hand die Stelle oberhalb der Oberlippe. Wechsle nach einigen tiefen Atemzügen die Hände, und setz die Übung fort. Such dir eine Kante im Zimmer, die du dann mit den Augen auf und ab fährst.

## Weitere Informationen, Varianten und didaktische Anregungen

Traditionellerweise nimmt Dr. Dennison anstatt des Nabels das Steißbein. Wir verwenden je nach Gruppe einmal die eine oder die andere Variante.

Das Halten der Raumknöpfe aktiviert einen weiteren Sonderakupunkturmeridian, das Gouverneurs- oder Lenkergefäß. Er verläuft, am Steißbein beginnend, entlang der Mitte der Wirbelsäule über den Kopf und das Gesicht bis zu einer Stelle oberhalb der Mitte der Oberlippe.

Die Übung erdet und zentriert und macht interessierter und motivierter. Das zentrale Nervensystem wird entspannt. Wie bei den Erdknöpfen kann die Wirkung durch die Vorstellung, daß durch den Meridian Energie geatmet oder Licht gepumpt wird, gesteigert werden.

Unsere Erfahrung zeigt, daß Kinder, die sich kaum rühren und dauernd müde sind, zumeist Erd- und Raumknöpfe brauchen.

Das Abstreichen des Meridians in Flußrichtung durch eine andere Person oder das gemeinsame Streichen von Zentralgefäß und Gouverneursgefäß bringt sehr viel Energie und macht wach.

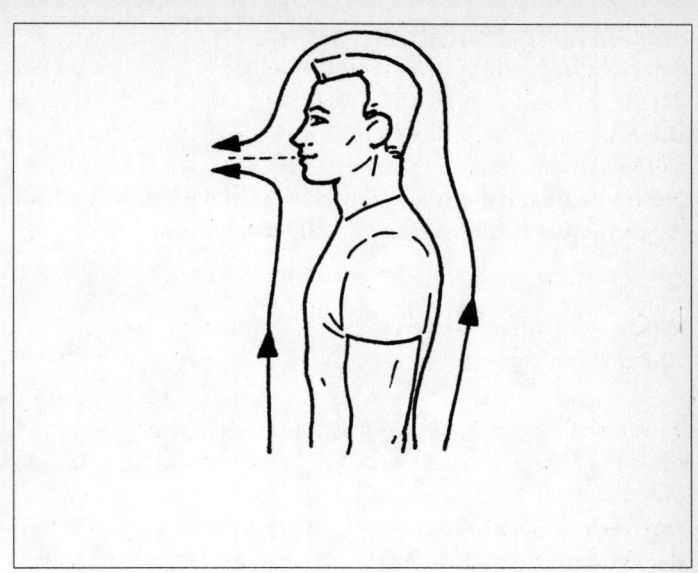

# 13 Gleichgewichtsknöpfe

Diese Übung entspannt, macht aufnahmebereit und schult bei kleineren Kindern den Gleichgewichtssinn.

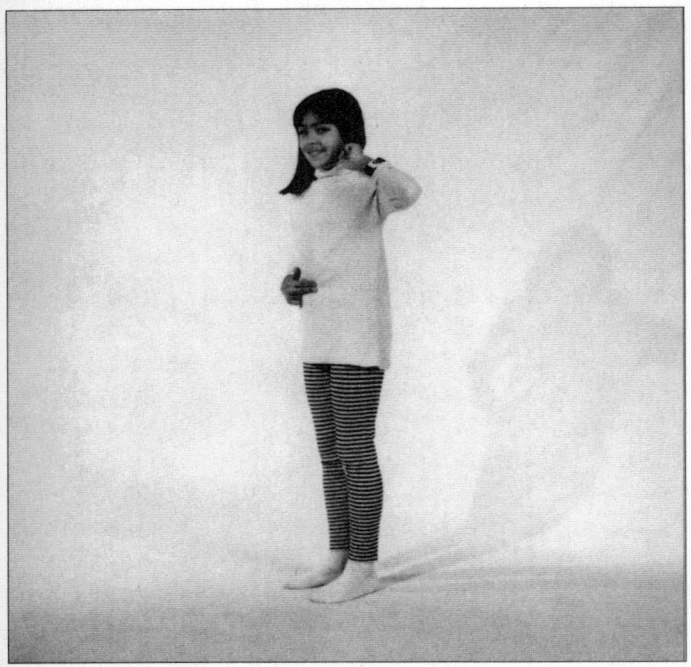

*Vorschulkinder:*
Leg eine Hand hinter das Ohr, mit den Fingerspitzen Richtung Mitte Hinterkopf, und berühre mit den Fingern das Grübchen am Unterrand des Hinterkopfes. Mit der ande-

ren Hand berühre den Nabel. Wechsle dann die Hände, und halte auf der anderen Seite den Gleichgewichtsknopf. Führe die Übung auf jeder Seite etwa eine halbe Minute aus.

*SchülerInnen:*
Leg die linke Hand hinter das Ohr mit den Fingerspitzen Richtung Mitte Hinterkopf, und berühre mit den Fingern die Mulde am Unterrand des Hinterkopfes.
Mit der rechten Hand berühre den Nabel mit Zeige- und Mittelfinger. Wechsle dann die Hand, und halt den rechten Gleichgewichtsknopf.
Führe die Übung auf jeder Seite etwa eine halbe Minute aus.

## Weitere Informationen, Varianten und didaktische Anregungen

Durch das Halten der Gleichgewichtsknöpfe wird man offener und aufnahmebereiter. Speziell beim Arbeiten bzw. Spielen am Bildschirm hat sich das Stimulieren der Gleichgewichtspunkte als sehr hilfreich herausgestellt.
Die Kinder finden mit den Gleichgewichtsknöpfen ihr inneres Gleichgewicht und gewinnen in stressigen Situationen die Fähigkeit zurück, Details in ihrem Bezug zum Ganzen zu sehen.
Die Wirkung der Übung wird noch durch tiefes Bauchatmen besonders unterstützt. Zusätzlich kann man die Zunge auf den oberen Gaumen legen.
Für »Akupunkturfreaks«: Der Punkt Gallenblase 20 soll berührt werden. Durch das Halten der Gleichgewichtsknöpfe wird man offener und aufnahmebereiter.

# 14 Denkmütze

Diese Übung schaltet die Ohren ein, und du wirst konzentrierter.

Zieh die Ränder der beiden Ohren mit Daumen und Zeigefinger sanft von innen nach außen, als wollte man die Ränder ausbügeln. Beginn immer bei den Ohrspitzen, und bügle den Rand bis zum Ohrläppchen.
Wiederhole diese Einschaltübung für die Ohren mehrmals.

## Weitere Informationen, Varianten und didaktische Anregungen

Die »Denkmütze« lenkt die Aufmerksamkeit des Schülers auf die Ohren und aktiviert über 400 Akupunkturpunkte. Außerdem stimuliert sie die Formatio reticularis, das Zentrum eines Nervengewebes, das in der Mitte des Hirnstammes liegt und ihn der Länge nach durchquert. Die Formatio reticularis spielt beim Menschen eine bedeutende Rolle für den Zustand der Bewußtseinslage und für einen aufmerksamen Wachzustand. Sie siebt ablenkende Informationen aus den bedeutsamen aus.

Wir zeigen immer am eigenen Ohr, wie die Übung abläuft, und demonstrieren so den Kindern unsere Solidarität und daß auch wir aus der Übung Nutzen ziehen können.

Manche Kinder klagen am Anfang darüber, daß sie das Ausrollen der Ohrränder als schmerzhaft empfinden. Manchmal bedarf es einer gewissen Gewöhnungsphase. Man wird die Übung dann besonders sanft ausführen. Zwingen Sie die SchülerInnen aber nie weiterzumachen.

Die Übungen sollen als Hilfe zur Selbsthilfe angeboten werden und spielerisch und lustvoll sein und vor allem freiwilligen Charakter haben.

Während der Schularbeitsstunden greifen die SchülerInnen immer besonders gerne auf die Hilfe der Denkmütze zurück, weil sie sich danach viel wacher und konzentrierter fühlen.

Die hoffentlich längst ausgestorbene Variante des Ziehens von Schülerohren durch ihre »ihnen sehr gewogenen LehrerInnen« deutet darauf hin, daß unsere schulischen Vorgänger ein großes, wenn auch wohl latentes Wissen um energetische Zusammenhänge hatten ...

## 15 Energiegähnen

Das ist eine Übung für alle, die sich nicht ausdrücken können, und für alle, die in kniffligen Situationen die Zähne
zusammenbeißen.

Massiere dein Kiefergelenk, während du deinen Mund weit
öffnest. Das Ausatmen geschieht sanft (wie ein Hauch) bei
weit geöffnetem Mund.
Gähne einige Male herzhaft.

## Weitere Informationen, Varianten und didaktische Anregungen

Das Energiegähnen ist eine Übung beispielsweise für SchülerInnen mit Prüfungsangst und dem Gefühl, sich nicht ausdrücken zu können. Oder für LehrerInnen mit Prüfungskummer und auch für alle, die in der Nacht mit den Zähnen knirschen und unter psychosozialem Druck leiden. Gähnen wird durch diese Übung von LehrerInnen und ErzieherInnen von einer im schulischen Kontext, aber auch in anderem Zusammenhang nicht gern gesehenen Aktivitäten, die zumeist mit Fadesse in Verbindung gebracht wird, zu einer pädagogischen Hilfe.

Das Kiefergelenk (Temporomandibulargelenk) ist eine Passage für über 50 Prozent der neurologischen Verbindungen vom Gehirn zum Körper.

Am Anfang ist es gar nicht so leicht, absichtlich zu gähnen, aber in der Gemeinschaft wird man sehr leicht vom Gähnen der Nachbarn angesteckt.

Das »Energiegähnen« ist, so Dr. Dennison, bei der Lerngymnastik ein Zeichen guter Erziehung. Es aktiviert den Kreislauf und verbessert die energetische Versorgung des Gehirns. Löst Spannungen im Kopf und Kiefer und schaltet die Formatio reticularis an. Durch das »Energiegähnen« kann man entspannter sehen und denken, was für Kinder in der Zeit intensivster geistiger und seelischer Arbeit sehr hilfreich ist. Außerdem wird dadurch auch der Selbstausdruck verbessert.

Anschließend an ein Energiegähnen sollte man immer eine Aktivierungsübung wie zum Beispiel den Gorilla anschließen.

# 16 Kreuzkrabbeln

Diese Übung integriert die beiden Gehirn- und Körperhälften bei kleineren Kindern.

Du krabbelst über Kreuz auf allen vieren. Eine Hand ist vorne, und der gegenüberliegende Fuß ist hinten.
Diese Übung wird zuerst langsam ausgeführt, und dann wird das Tempo gesteigert.
Die Übung kann man so lange ausführen, wie sie Spaß macht.

## Weitere Informationen, Varianten und didaktische Anregungen

Kinder, die im Kleinstkindalter nicht ausreichend krabbelten, haben sehr oft Leseschwierigkeiten – das Krabbeln ist der natürliche Vorgang der Über-Kreuz-Bewegung.

Sehr lustbetont ist diese Übung, wenn man sie in eine Geschichte kleidet (siehe Erich Ballinger: *Lerngymnastik für Kinder*, Knaur-Tb. 76090).

Gehschulen engen den Bewegungsraum der Kleinkinder ein und verhindern dadurch oft die natürliche Entwicklung des Krabbelns.

# 17 Über-Kreuz-Bewegung (Cross Crawl)

Das ist eine Übung zum gleichzeitigen Anschalten beider Gehirnhälften.

Bewege gleichzeitig Arm und gegenüberliegendes Bein, wobei der Ellbogen das (gegenüberliegende) Knie berührt. Oder du streckst gleichzeitig einen Arm nach vorn und das gegenüberliegende Bein nach hinten.
Anstatt Arm und gegenüberliegendes Bein nach vorn zu strecken, kannst du sie auch zur Seite bewegen.
Hast du aber Lust auf einen Schuhplattler, so berühre beim Überkreuzen die Fußsohle des gegenüberliegenden Beins.

## Weitere Informationen, Varianten und didaktische Anregungen

Die Über-Kreuz-Bewegung gelingt Kindern leichter, wenn sie vorher die Gehirnknöpfe gerubbelt haben. Die Übung kann mit offenen oder geschlossenen Augen durchgeführt werden, die Kinder dürfen dazu summen. Mit einem Zwischenschritt dazwischen kann der ganze Raum in Girlanden durchtanzt werden.

Die Über-Kreuz-Bewegung bereitet das Kind bestens auf alle Fertigkeiten vor, die das »Überkreuzen der Mittellinie« erfordern, zum Beispiel Lesen und Schreiben.

Die Bewegung kann langsam oder rhythmisch durchgeführt werden, viel mehr Spaß macht sie mit entsprechender musikalischer Unterstützung.

Der/die KindergärtnerIn bzw. die Lehrkraft sollte die Kinder auch daraufhin beobachten, ob sie die Mittellinie kreuzen oder eine homolaterale, das heißt einseitige Bewegung ausführen. Sollte letzteres der Fall sein (linke Hand auf linkem Knie, rechte Hand auf rechtem Knie) und ein Kind immer wieder Schwierigkeiten mit der Über-Kreuz-Bewegung haben, wäre die Hilfe eines Edu-K-Fachkundigen angezeigt.

Die Über-Kreuz-Bewegung erfordert, daß das Gehirn die Muskeln zum richtigen Zeitpunkt arbeiten läßt. Viele, aber nicht alle Kinder erwerben vor dem Laufen während der Krabbelphase diese höchst komplizierte bihemisphärische Integration. Hat ein Kind Schwierigkeiten mit dem Lesen oder eine Abneigung dagegen, hat es zumeist auch Schwierigkeiten mit der Über-Kreuz-Bewegung. Erst wenn die Bewegung automatisiert ist, liegen eine Hemisphärenintegration und ein streßfreier Zustand vor.

# 18 Radfahrer (Über-Kreuz-Bewegung mit Aufsitzen)

Die Übung aktiviert die Zusammenarbeit der beiden Hirn-hälften und belebt.

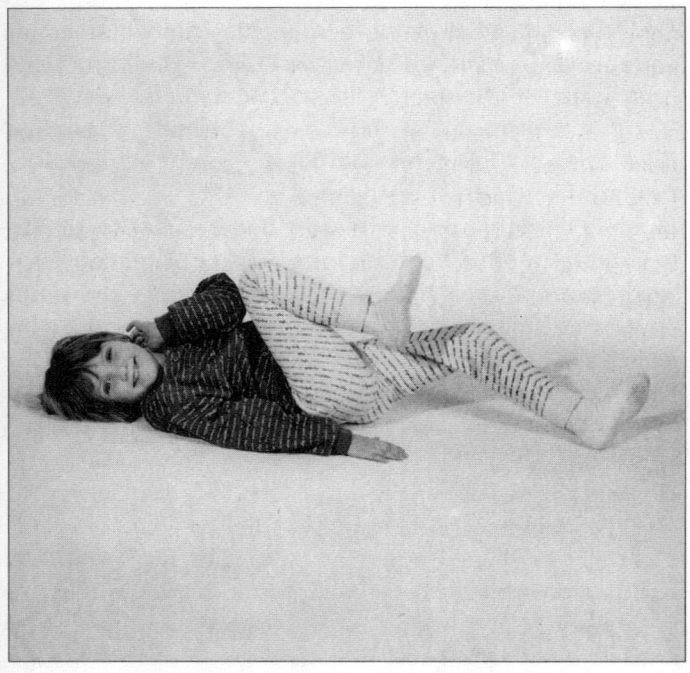

Leg dich auf den Rücken auf eine Matte oder eine andere bequeme Unterlage. Verschränke die Arme hinter dem Kopf, und berühre mit dem rechten Ellenbogen das linke Knie und umgekehrt. Wiederhole die Übung einige Male.

## Weitere Informationen, Varianten und didaktische Anregungen

Bei der Übung wird die Bauchmuskulatur gestärkt, die Atmung wird leichter und automatischer, und man fühlt sich sicherer und wohler in seinem Körper. Die Erdung und Zentrierung wird verbessert. Die Fähigkeiten für Lesen und Rechnen werden verbessert.

Diese Cross-Crawl-Bewegung im Liegen haben wir als eine außerordentliche Hilfe bei behinderten Kindern kennengelernt. Sollten die Kinder Schwierigkeiten haben, Arm und Bein kontralateral zu bewegen, kann man die verschiedenen Seiten mit Hilfe von Farbstreifen oder Gummibändern, in die man Papier hineinsteckt, kennzeichnen. Den Kindern, die trotz der Kennzeichnung noch Probleme mit dem Überkreuzen haben, hilft man am Anfang bei der Bewegung, indem man Arm und Bein zusammenbringt. Auch das Rubbeln der Gehirnknöpfe vor der Übung ist hilfreich.

# 19 Achterbahn

Die Übung aktiviert die Augen-Hand-Koordination bei kleineren Kindern.

Du legst mit Eisenbahnschienen (Brio, Lego) eine Achterschleife. Du sitzt oder kniest vor der liegenden Achterbahn in der Mitte und fährst mit dem Zug, von der Mitte aus beginnend, nach links.

Zuerst mit der einen Hand, dann mit der anderen Hand; dann halten beide Hände den Zug und fahren die Achterschleife nach.

Diese Übung wird gemacht, solange du Spaß daran hast.

## Weitere Informationen, Varianten und didaktische Anregungen

Die Kinder dürfen sich die »Achterbahn« selbst aufbauen. Wichtig dabei ist, daß immer nur ein Kind diese Aktivität durchführt. Das Spiel steht bei dieser Übung im Vordergrund (die Züge können beladen werden etc.), und sie stellt eine Vorübung für die Augenacht dar.

Varianten

– Der/die KindergärtnerIn zeichnet eine liegende Acht auf einen großen Bogen Packpapier, und die Kinder dürfen die Acht mit Spielzeugautos nachfahren. Auch hier wird von der Mitte aus nach links oder rechts oben ausgegangen, zuerst mit einer Hand, dann mit der anderen. Dann nimmt jede Hand ein Auto, und man fährt parallel.
– Wenn dies zu »fad« wird, kann man eine Taschenlampe anbieten. Mit dieser wird die liegende Acht nachgefahren – ebenfalls zuerst mit einer, dann mit der anderen Hand und dann mit beiden Händen die Taschenlampe halten und dem Lichtstrahl genau nachschauen.

# 20 Augenachten

Diese Übung schult die Augen-Hand-Koordination, schaltet die Augenenergie ein, sie hilft, streßfrei die Körpermitte zu überqueren und die Augen horizontal über die Seite zu bewegen.

*Vorschulkinder:*
Stell dich schulterbreit und locker auf, streck einen Arm aus, und schau auf den Daumen. Während du die liegende Achterschleife in die Luft malst, folgen die Augen, Kopf und Oberkörper bleiben ruhig.
Beginn in Augenhöhe in der Mitte und dann weiter nach

links oder rechts oben. Wechsle nach einigen Achtern zum rechten Arm, und beende dann die Übung, indem du mit beiden Händen die Achterschleifen ziehst.

*SchülerInnen:*
Stell dich schulterbreit und locker auf, streck den linken Arm aus und schau auf den Daumen, während du die Achterschleife in die Luft malst. Der Blick auf den Finger ist weich. Vermeide das Anstarren des Fingers.
Beginne in Augenhöhe in der Mitte und dann weiter nach links oder rechts oben. Wechsle nach einigen Achtern zum rechten Arm und beende die Übung dann, indem du mit beiden Händen die Achterschleifen ziehst.
Die Übung sollte einige Male zügig gemacht werden.

## Weitere Informationen, Varianten und didaktische Anregungen

Die Augenachten integrieren das linke und rechte Gesichtsfeld, verbessern sowohl beidäugiges als auch peripheres Sehen und entspannen die Augenmuskulatur während des Lesens. Verwechslungen von Buchstaben bei SchülerInnen mit Lese-Rechtschreib-Schwäche werden behoben, und das Entschlüsseln der geschriebenen Sprache wird erleichtert.

## Varianten

- Der/die LehrerIn bzw. ErzieherIn zeichnet an der Tafel oder auf einem Bogen Packpapier das Unendlichkeitssymbol und läßt die Kinder nachzeichnen. Man beginnt in der Mitte der Acht nach links oben und setzt dann im Gegenuhrzeigersinn fort bis wieder zur Mitte und durchläuft die zweite Hälfte im Uhrzeigersinn (siehe Abbildung).
- Als Einstimmung auf die Vorschulblätter können die Kinder eine Acht auf ein Blatt Papier zeichnen.
- Jedes Kind nimmt sich ein Blatt Papier und zeichnet Achten, bevor es zu lesen oder schreiben beginnt.
- Aus Holz, Ton oder einer Modelliermasse kann man eine Acht mit einer Rille für eine Kugel basteln. Durch Bewegen der Kugel auf der Bahn werden nicht nur Augenachten geübt, sondern es wird auch die Feinmotorik verbessert.

Aus Erfahrung wissen wir, daß besonders diejenigen Kinder, die diese Übung sehr nötig haben, die Achterrunden zwar drehen, aber immer wieder abschweifen und nicht den Finger verfolgen. Machen Sie die Kinder darauf aufmerksam.

Vielleicht ist es auch möglich, diese Übung so zu gestalten, daß ein Kind immer beobachtet, während das zweite seine Achten in die Luft zeichnet.

Für LehrerInnen, die diese Übung im Klassenraum selbst gerne mitmachen wollen, ein Hinweis, der mir wichtig scheint. Überzeugen Sie sich vorerst, daß alle Schüler ihre Schleifen auch in der richtigen Richtung ziehen.

Besonders gut wirken die »Liegenden Achten«, wenn sich die Kinder vorher mit den Gehirnknöpfen einschalten.

Eine Kollegin hat das Plakat mit der liegenden Acht als ständiges Angebot im Gruppenraum hängen, und die Kinder machen großen Gebrauch davon – sogar die jüngeren haben Spaß daran und holen sich einen Stock, damit sie hinaufgelangen.

Die Acht (tibetanisch) kann auch bei kleinen »Wehwehchen« in der Luft vor dem jeweiligen Körperteil gemacht werden.

# 21 Elefant (Ohrenachten)

Diese Übung hilft dir, ein guter Zuhörer zu sein.

Stell dich schulterbreit auf, die Knie etwas gebeugt, und »kleb« dein linkes Ohr an die Schulter. Zeichne mit deinem ausgestreckten Arm Achterschleifen in die Luft, dein Blick schweift dabei über die Finger hinweg. Die Mitte der Schleife ist auf der Körpermittellinie. Von der Mitte aus bewegst du den Arm nach links oder rechts oben.
Führe die Übung einige Male aus, und wechsle dann nach rechts.

## Weitere Informationen, Varianten und didaktische Anregungen

Der Elefant entspannt die Nackenmuskulatur und verbessert die Hör- und Sehwahrnehmung. Kinder, die sofort verspannen, wenn sie sich einer Aufgabe widmen, profitieren sehr von dieser Übung. Man fühlt sich nach der Übung viel stärker im Körper und kann den Kopf viel leichter nach links und rechts drehen.

Die Übung kann auch im Sitzen durchgeführt werden.

Manche Kinder vermeiden das gemeinsame Bewegen von Brustkorb, Kopf und Arm und bewegen nur die Hand in Achterschleifen. Das entspannt aber in keiner Weise den Nacken.

# 22 Dirigent (spiegelbildliches Zeichnen)

Diese Übung hilft dir, dich im Raum besser zurechtzufinden, aber auch leichter zu schreiben.

Stell dich bequem auf, und male mit beiden Händen gleichzeitig in der Luft, so daß es aussieht, als ob es gespiegelt ist.

»Dirigiere« mindestens eine Minute.

## Weitere Informationen, Varianten und didaktische Anregungen

Die Übung kann sowohl als Luftzeichnen oder Dirigieren durchgeführt werden, aber natürlich auch mit einem Schreibwerkzeug auf Papier.

Grob- und Feinmotorik werden genauso verbessert wie die Augen-Hand-Koordination. Der Übende spürt mehr seine Mitte und hat ein klareres Bewußtsein für rechts und links. Fördern Sie das Mitgehen des gesamten Körpers. Lassen Sie die jungen Dirigenten dabei Musik genießen.

Malen die Kinder auf Papier, so kann man auch ein Thema vorgeben, zum Beispiel einen Baum, ein Gesicht oder einen Schmetterling. Lustiger für die Kinder ist es aber auf jeden Fall, wenn sie experimentieren dürfen.

## 23 Alphabetachten

Diese Übung fördert eine schöne Schreibschrift und läßt dich Buchstaben nicht mehr verwechseln.

Mach zuerst einige liegende Achten auf Papier, und laß aus den Achterhälften dann Kleinbuchstaben werden. Je nachdem, ob die Buchstaben im Schreibfluß nach links oder rechts gerichtet sind, kannst du sie in die linke Hälfte der Achterschleife (a, c, d, e, f, g, o, q, s) oder in die rechte Hälfte (b, h, m, n, p, r) eintragen.

Buchstaben mit Aufstrich wie zum Beispiel f oder t werden in die Mitte eingefügt. Zwischen den einzelnen Buchstaben male immer wieder Achterschleifen.

## Weitere Informationen, Varianten und didaktische Anregungen

Diese Übung löst den Streß beim Kreuzen der Mittellinie auf und fördert die Augen-Hand-Koordination. Peripheres Sehen und die Unterscheidung für Buchstaben werden verbessert.

Varianten

– Mit einem Stift liegende Achten auf ein Blatt Papier malen. Immer in der Mitte beginnen und nach links oben weiterzeichnen. Den Stift dann in die andere Hand nehmen und weiter liegende Achten zeichnen.
– In jede Hand einen Stift nehmen und *mit beiden Händen gleichzeitig* liegende Achten malen.

## 24 Beckenschaukel

Eine Übung für müde Sitzer zum Aufwachen.

Sitz mit angezogenen Beinen, und umfasse die Knie mit den Händen. Führe nun für zirka eine halbe Minute mit dem Becken kreisförmige Bewegungen aus. Atme dabei tief ein und aus. Hast du Probleme beim Gleichgewichthalten, dann stütze dich mit deinen Händen ab.

## Weitere Informationen, Varianten und didaktische Anregungen

Die Beckenschaukel ist hilfreich bei der Lockerung des Kreuzbeins und beim Massieren der Oberschenkelrückseite und der Gesäßmuskulatur.

Durch das Aktivieren des Kreuzbeins, das ein wesentlicher Bestandteil der Rückenmarksflüssigkeitspumpe ist, wird die Zirkulation der Rückenmarksflüssigkeit (RMF) gesteigert. Dies bedeutet eine Aktivierung des Gehirns. Die RMF entfernt Giftstoffe aus dem Zentralnervensystem, transportiert Nährstoffe, Hormone und Neurotransmitter.

Die Atmung wird vertieft, die Aufmerksamkeitsspanne verbessert. Die Koordination des ganzen Körpers wird gesteigert, und geistige Müdigkeit wird behoben.

Die Übung sollte immer auf einer weichen Unterlage ausgeführt werden.

Diese Übung erfordert Geduld und sollte eher im Einzelkontakt eingeführt werden.

Variante

Vereinfacht kann die Übung mit den Füßen auf dem Boden gemacht werden.

## 25 Wadenpumpe

Eine Übung für alle, die das Gefühl haben, sie kommen in
irgendeiner Sache nicht weiter.

Stell dich irgendwo hin, wo du dich festhalten kannst. Geh
in Schrittstellung, und verlagere das Gewicht auf den vor-
deren Fuß. Das hintere Bein steht auf dem Fußballen. Im
Ausatmen drück die Ferse gegen den Boden. Das Bein bleibt
dabei gestreckt. Im Einatmen heb die Ferse des hinteren
Fußes, und drück sie im Ausatmen wieder auf den Boden.
Wiederhole die Übung einige Male, und wechsle dann die
Seiten.

## Weitere Informationen, Varianten und didaktische Anregungen

Diese Übung fördert die Ausdrucksfähigkeit, verbessert das Hörverstehen sowie die Aufmerksamkeitsspanne. Die Wadenpumpe ist auch ideal einzusetzen in Phasen von Streß, Müdigkeit und bevor schwierige Aufgaben bewältigt werden sollen.

Diese Übung ist sehr lustbetont und baut Aggression ab – »die Wand wegschieben«. Wichtig dabei ist aber, das Augenmerk auf die richtige Fußstellung (Gewichtsverlagerung und gestrecktes Bein) zu richten und auf die richtige Atmung (beim Hindrücken ausatmen) zu achten.

# 26 Blumenpflücker (Schwerkraftgleiter)

Diese Übung aktiviert Gleichgewicht und Koordination vor allem bei kleineren Kindern und verhilft zu einer tieferen Atmung.

Du stellst dich mit überkreuzten Beinen locker hin. Laß Oberkörper und Arme locker hinunterhängen, beim Ausatmen und beim Einatmen gehst du wieder hoch.
Wiederhole den Vorgang, indem du auch nach rechts und links hinuntergehst.
Diese Übung wird mindestens dreimal ausgeführt.

## Weitere Informationen, Varianten und didaktische Anregungen

Diese Übung erfordert Geduld und wird im Einzelkontakt durchgeführt. Sie macht das Gehirn frei, löst Blockaden und aktiviert das Gedächtnis.

## Variante zum Einführen

Zuerst sollte, kann die Übung ohne überkreuzte Beine ausgeführt und die Aufmerksamkeit auf die Atmung und das Hängen des Oberkörpers und der Arme gelenkt werden. Erst wenn diese Übung keine Schwierigkeit mehr macht, zusätzlich die überkreuzte Beinstellung einführen.

# 27 Nackenrollen

Diese Übung entspannt deinen Hals und Nacken und macht dich geistig wach.

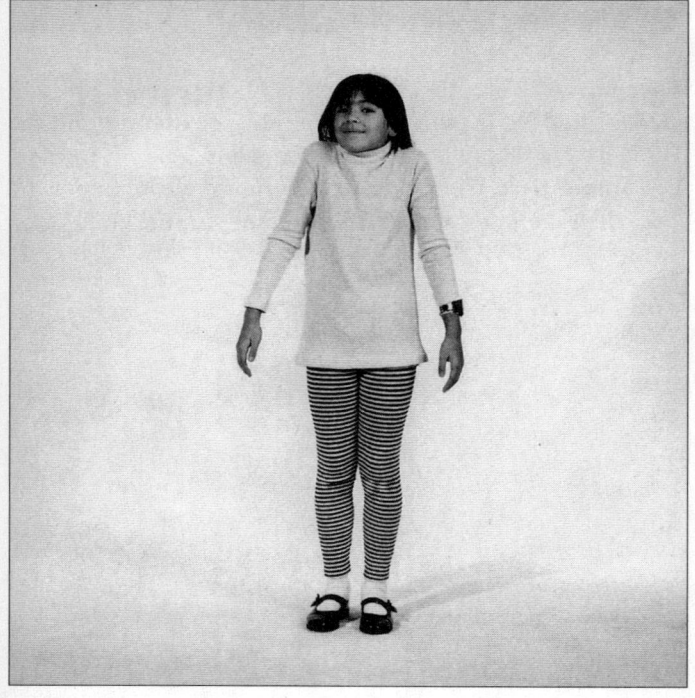

*Teil 1:*
Im ersten Teil läßt du im Ausatmen mit angezogenen Schultern den Kopf nach vorne gebeugt hin und her rollen.

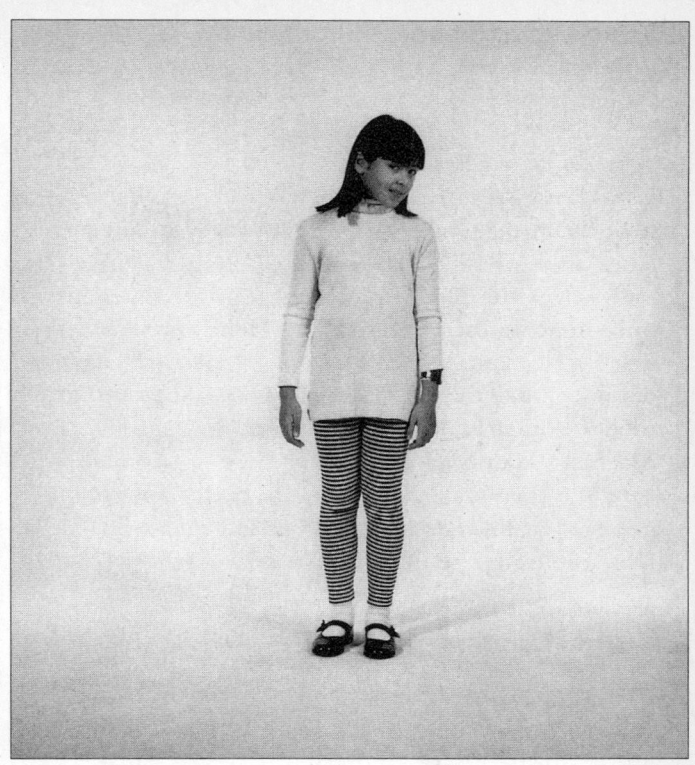

*Teil 2:*
Im zweiten Teil folgt dann das gleiche Bewegungsmuster mit entspannten Schultern. Das Nackenrollen soll sanft und einfühlsam ohne Kraftaufwand gemacht werden.
Mach die Übung mit offenen und geschlossenen Augen einige Male.

## Weitere Informationen, Varianten und didaktische Anregungen

### Varianten

- Nach mehrmaligem Nackenrollen kann man auch zu einer isometrischen Widerstandsübung wechseln (isometrisch = die Muskeln werden ohne Längenausdehnung angespannt): Man hält eine Hand auf die Stirn und drückt langsam mit dem Kopf isometrisch dagegen, dann legt man die Hand auf den Hinterkopf und drückt wieder isometrisch dagegen.
- Kleeblatt: Man zeichnet mit der Nase horizontale, vertikale und diagonale Achten in die Luft. Experimentiere mit großen und kleinen Achten und imaginierten Farben, und umkreise Objekte, die du siehst.

Die Verspannung von Hals-, Nacken- und Schultermuskulatur ist immer ein Gradmesser für die seelische Belastbarkeit. Das Nackenrollen erdet und zentriert und fördert die Fähigkeit, im Mittelfeld zu lesen und zu schreiben. Gut zur Überwindung geistiger Müdigkeit.
Die Übung kann mit offenen und geschlossenen Augen durchgeführt werden.
Eine schlechte Sitzhaltung kann den Energiefluß durch den Nacken negativ beeinflussen. Ist der Nacken geschlossen und verspannt, so wirkt er wie ein Absperrventil für die Energie. Mittels eines kinesiologischen Muskeltests kann dies sehr leicht gezeigt werden (siehe im Glossar unter dem Stichwort »Angewandte Kinesiologie). Ein offener, entspannter und lockerer Nacken ermöglicht die Zusammenarbeit von Körper und Geist.

SchülerInnen mit guten Rechtschreib- und Leseleistungen halten sich aufrecht, die Schultern, die Gesichtsmuskeln, der ganze Körper sind entspannt. Die Kopfhaltung ist gerade. Dagegen haben SchülerInnen mit schwachen Leistungen eine vornübergebeugte Sitzhaltung, die Stirn in Falten gelegt, die Zähne zusammengebissen oder die Lippen aneinandergepreßt. Die Augen bewegen sich unruhig hin und her.

# 28 Propeller

Diese Übung verhilft zu einer besseren und tieferen Atmung.

Du stehst schulterbreit und locker mit den Füßen auf dem Boden. Zuerst läßt du einen Arm nach rückwärts kreisen, dann den anderen und zum Schluß beide Arme gleichzeitig.
Man muß darauf achten, daß der Ellbogen durchgestreckt ist. Günstig ist es, diese Übung bei geöffnetem Fenster durchzuführen, mindestens zwanzigmal.

## Weitere Informationen, Varianten und didaktische Anregungen

Den Kindern bereitet es mitunter Schwierigkeiten, die Arme beim Kreisen gestreckt zu halten. Die Kreisbewegung sollte nach rückwärts und nicht seitlich durchgeführt werden.

Bei dieser Übung wird auch der Lungenmeridian aktiviert.

# 29 Die Eule

Diese Übung macht dich aufmerksam, und du merkst dir vieles besser.

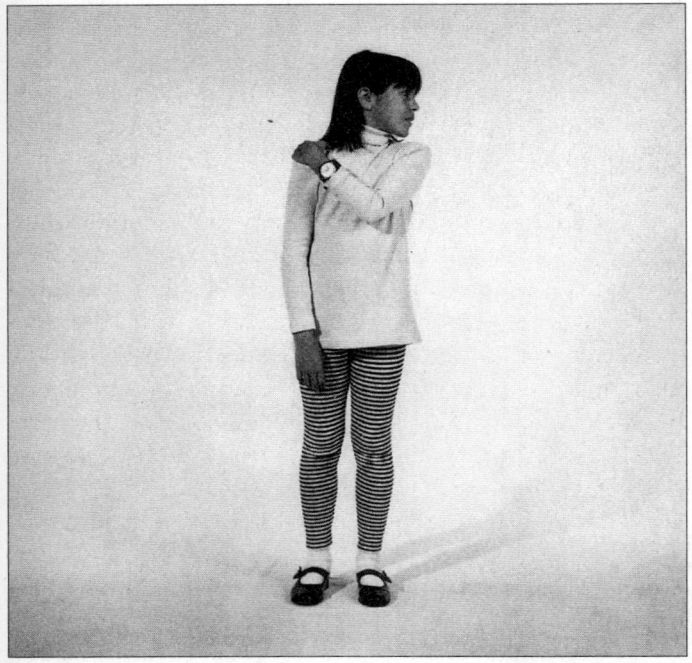

Nimm eine Stelle deines Schultermuskels zwischen die Finger, drück sie fest zusammen, und dreh den Kopf ganz langsam wie eine Eule zur Seite. Spür dabei die Dehnung des Muskels, und atme aus. Das Kinn bleibt dabei auf gleicher Höhe. Den Kopf zur Mitte drehend, atme wieder ein,

und senke das Kinn im Ausatmen zum Brustbein. Wiederhole, indem du auf der anderen Seite den Muskel dehnst.
Führe die Übung einige Male aus.

## Weitere Informationen, Varianten und didaktische Anregungen

Die Übung sollte einige Male durchgeführt werden, besonders an Stellen, die auf Druck schmerzhaft sind.
Man kann die Eule aber auch beidhändig machen, indem
man die Arme überkreuzt und auf jeder Seite eine Stelle
der Schulter zwischen die Finger nimmt. Der Kopf wird wie
bei der vorigen Variante gedreht.
Die Eule aktiviert die Blutzirkulation und Energiezufuhr
zum Gehirn. Sie dient zur Restrukturierung und Umer-
ziehung des Körpers. In gefährlichen Situationen reagiert
der Körper automatisch mit einem Zusammenziehen der
muskulären Struktur. Dieser »Sehnenkontrollreflex« hatte
über lange Zeit eine berechtigte Schutzfunktion in lebens-
bedrohlichen Situationen. Wenn aber der Körper in keiner
gefährlichen Lage und der Muskel trotzdem hyperton ist,
ist das eine nutzlose Strategie.
Für SchülerInnen ist zum Beispiel ja sehr einsichtig eine
Wiederholungsprüfung in Mathematik eine direkte Bedrohung, auf die mit Verkürzung der Sehnen und Muskeln auf
der Körperrückseite von Kopf bis Fuß reagiert wird, doch
häufig reagieren SchülerInnen schon bei schulischen Fertigkeiten wie Lesen, Schreiben oder Sprechen übermäßig.
Schule sollte aber mit Freude und Lust am Lernen, mit
Neugierde und Eigeninitiative verbunden sein.

# 30 Armaktivierung

Streck einen Arm senkrecht in die Höhe, und bring ihn ganz an den Kopf.

Umfasse von hinten mit der anderen Hand den ausgestreckten Arm, und drück gegen die Hand nach innen und außen, vorn und hinten, ohne daß der Arm vom Kopf weggeht. Jedesmal wenn du drückst, atmest du aus. Übe dann auf der anderen Seite in gleicher Weise.
Führe die Übung auf jeder Seite zweimal aus.

## Weitere Informationen, Varianten und didaktische Anregungen

Diese isometrische Übung verbessert die Atmung und entspannt die für die Grob- und Feinmotorik zuständige Muskulatur. Die SchülerInnen können sich besser ausdrücken und schöner schreiben.

Die Armaktivierung kann im Stehen, Sitzen oder Liegen durchgeführt werden. Ist es für SchülerInnen nicht leicht, den Arm, der Widerstand gibt, hinter dem Kopf zu halten, so kann man den Arm auch vor der Stirn halten.

# Vier Übungen für einen optimalen Lerneinstieg

SchülerInnen fühlen sich in der Schule am wohlsten, wenn sie so geführt werden, daß sie ihr eigenes Lernverhalten und Lerntempo entdecken. Dazu bieten sich folgende vier Fragen an:

1. Hast du Energie zum Lernen? Bei zuwenig Energie schafft Wassertrinken Abhilfe (Übung 1)!

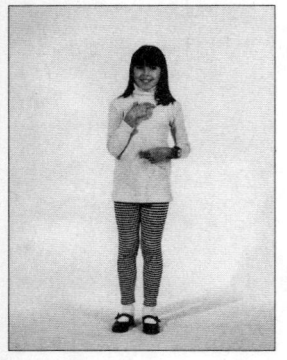

2. Ist dein Denken klar? Fühlst du dich abgekämpft, dann rubble die Gehirnknöpfe (Übung 9)!

3. Ist dir nach Bewegung zumute? Hast du schon zu lange gesessen, dann übe die Über-Kreuz-Bewegung (Übung 17)!

4. Fühlst du dich lernbereit? Hast du das Gefühl, du schaffst es nicht, bist zu nervös oder zuwenig konzentriert, dann mach die Cook-Übung (Übung 8)!

Diese vier Übungen wecken in dir die Bereitschaft zu lernen. Es liegt an dir, dich einzuschalten und geistig wach zu werden. Du kannst dir selber helfen und bist für dich selbst verantwortlich.

*Lernen ist möglich ohne Schmerz und Mühe.*
Fang nun an zu lesen (schreiben, rechnen, einzuordnen und so fort, und jedesmal, wenn du spürst, es geht nicht so recht weiter, schalte dich wieder mit einer der vier wichtigen Übungen ein).

# Schnelle Selbsthilfeübungen
# für die Pädagogen

»Komm, steh auf, es ist Zeit für den Kindergarten«, sagt die Mutter zur Tochter.

»Mama, ich möchte nicht in den Kindergarten gehen. Die Mädchen lachen mich aus, und die Buben sind ekelhaft zu mir.«

»Du kannst nicht so einfach vom Kindergarten fernbleiben, Tochter.«

»Ich will aber, im Kindergarten ist es so furchtbar.«

»Liebe Tochter, du mußt jetzt aufstehen – und dann ab in den Kindergarten. Erstens ist es schon fünf nach sechs, und zweitens bist du die Kindergärtnerin.«

Sollte sich bei Ihnen morgens beim Aufwachen ein ähnliches, wenn auch vielleicht nicht so starkes Gefühl von Unlust ausbreiten, dann sind die folgenden Übungen gerade richtig, Sie körperlich und geistig umzustimmen.

Ich weiß aus eigener Erfahrung, wie schnell man sich mit wenig Aufwand wieder wohl fühlen kann. Geht es uns aber besser, dann geht es auch allen, mit denen wir zu tun haben, besser, und so schließt sich ein Kreislauf.

Bei vielen Übungen können Sie noch im Bett liegenbleiben, wenn Sie wollen.

## Die drei Dimensionen

Beginnen Sie, sich in den drei Körperdimensionen einzuschalten, und Sie werden bald spüren, um wieviel klarer Sie
denken können:

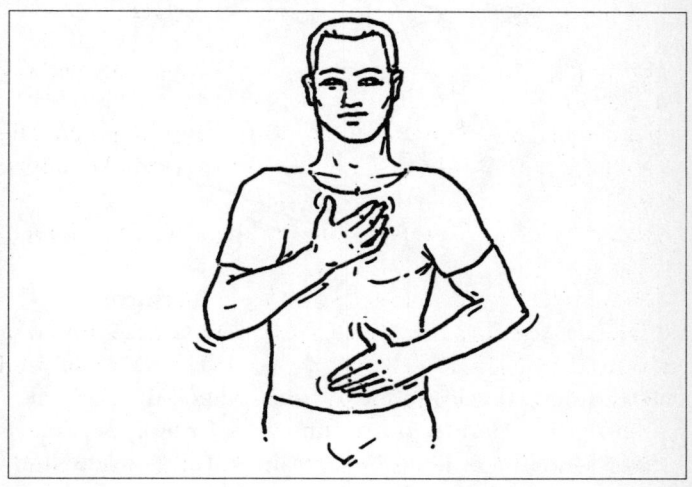

1. Legen Sie eine Hand auf den Nabel, die andere Hand
   auf das Brustbein auf die Höhe der ersten Rippen. Gön-
   nen Sie sich einige tiefe Atemzüge, und bewegen Sie die
   Augen dabei im Kreis, ohne den Kopf mitzubewegen.
   Wechseln Sie dann die Hände, und fahren Sie mit tiefer
   Bauchatmung und dem Augenkreisen in beiden Richtungen fort.
   Bewegen Sie Ihre Augen beim Kreisen langsam und
   sanft. Sie aktivieren durch die Augenbewegungen viele
   Gehirnregionen. Durch das ganze Bewegungsmuster
   wird der Informationsfluß zwischen der linken und
   rechten Seite des Gehirns/Körpers verbessert.

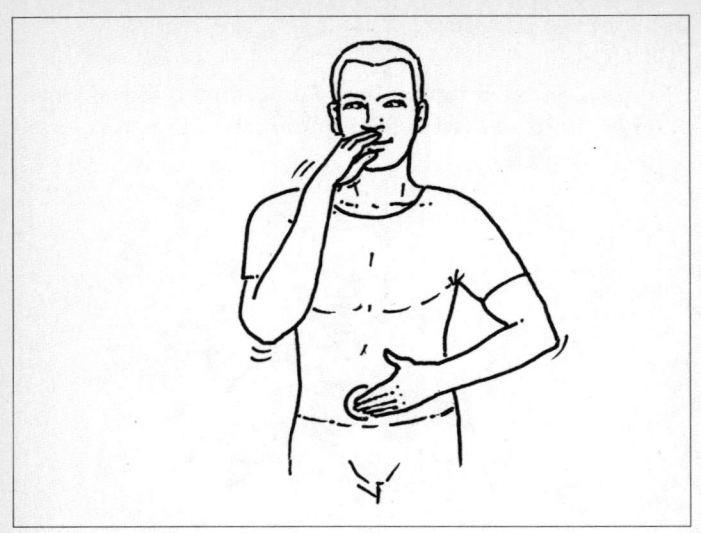

2. Die eine Hand legen Sie auf den Nabel, den Daumen
der zweiten Hand legt man unter die Unterlippe, Zeige-
und Mittelfinger über die Oberlippe. Die Bereiche können entweder nur gehalten oder leicht massiert werden.
Möglicherweise fühlen Sie sich aber schneller wohl,
wenn Sie statt des Nabelbereichs die letzte Spitze der
Wirbelsäule halten.

Atmen Sie wieder tief ein, und spüren Sie, wie diese
Übung Sie erdet und zentriert. Nach einigen tiefen
Atemzügen führen Sie einen Handwechsel durch.

Sie haben sich nun auch schon für die Dimension
oben–unten eingeschaltet. »Oben und unten« im Gehirn und Körper arbeiten wieder besser zusammen.

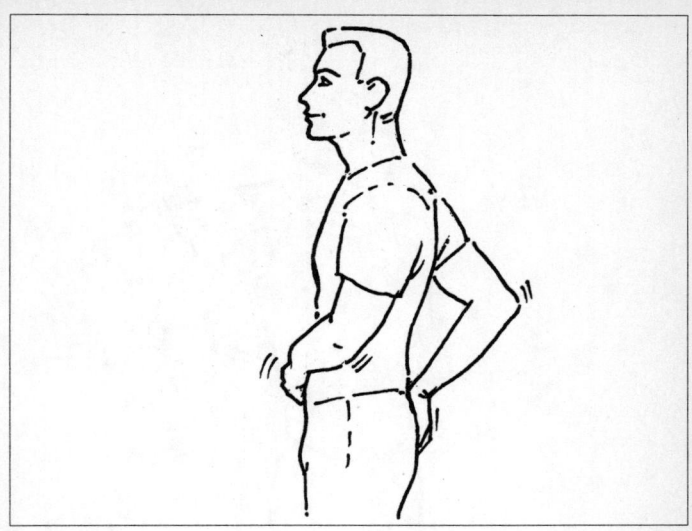

3. Die eine Hand auf dem Nabel, die zweite berührt das Steißbein. Atmen Sie sanft und tief, und spüren Sie die Luft kühl in die Nase einströmen und erwärmt aus dem Mund ausströmen. Nach einigen Atemzügen wieder einen Handwechsel vornehmen und fortfahren.

# Inneres Gleichgewicht

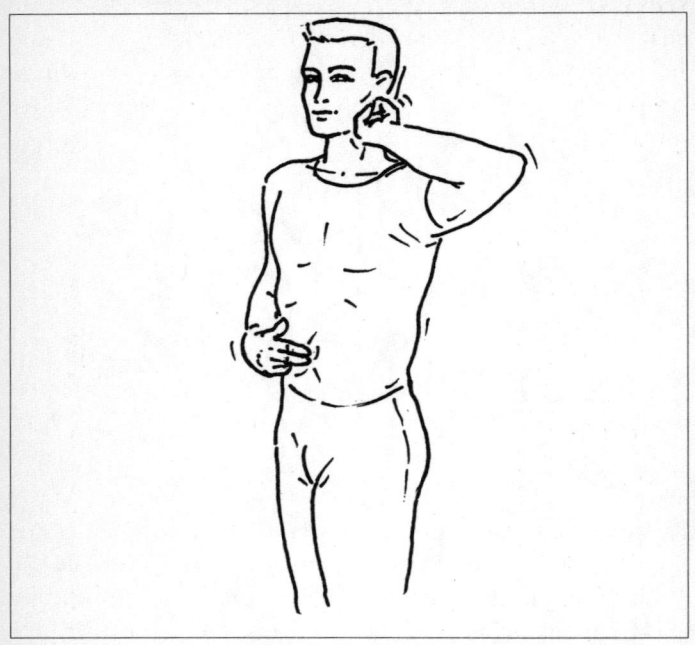

Zur Verbesserung des inneren Gleichgewichts dienen die Gleichgewichtsknöpfe (Übung 13 im vorangegangenen Kapitel). Fühlen Sie sich außerdem so, als ob Sie kaum geschlafen hätten, so völlig antriebslos, dann empfehle ich als eine weitere Aktivierung des Energieflusses im Körper eine kinesiologische Kurzmassage (siehe die Grafik auf S. 135).
Die Punkte werden für zirka 10 Sekunden gerade so stark massiert, wie es noch angenehm ist. Diese Punkte sind neurolymphatische Reflexpunkte, die mit dem Lymphsystem, einem der wichtigsten Ableitungssysteme des Körpers, zusammenhängen. Die Massage bewirkt eine Verstärkung des Lymphflusses und fördert Ihre Gesundheit.

Sind Sie allein, dann können Sie die Vorderseite zu Hause selbst massieren und eine(n) PartnerIn bitten, daß er/sie sich Ihrer Rückseite annimmt. Warum sollte es nicht auch im Kindergarten bzw. in der Schule ähnliche Sozialisationsphasen wie bei unseren näheren Verwandten im Urwald geben!

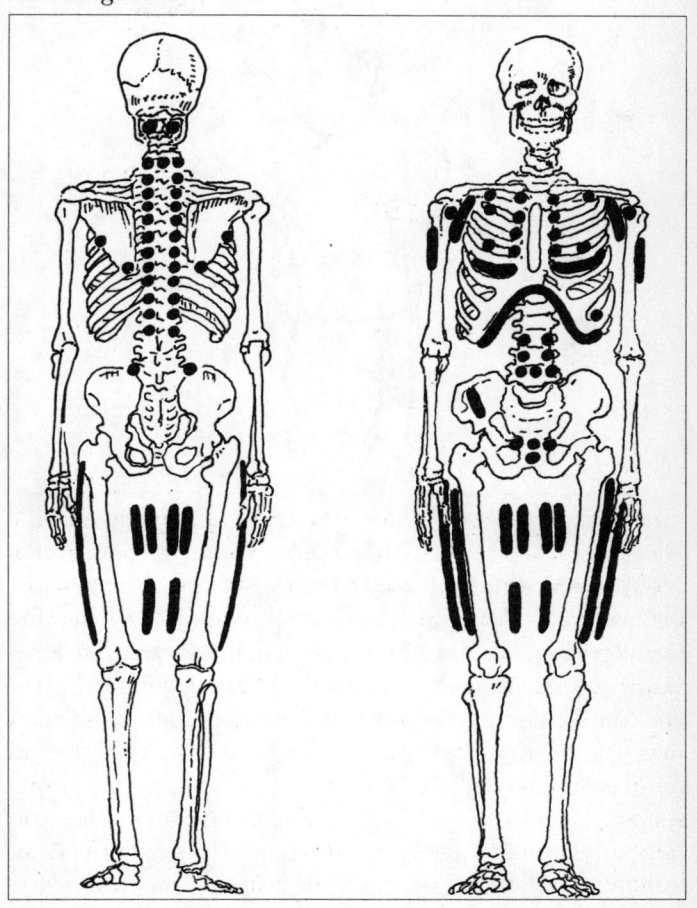

## Für schnelles Aufstehen

Für alle, die schneller das Bett verlassen müssen bzw. wollen, ist der Gorilla die ideale Aktivierungsübung (siehe Übung 6)

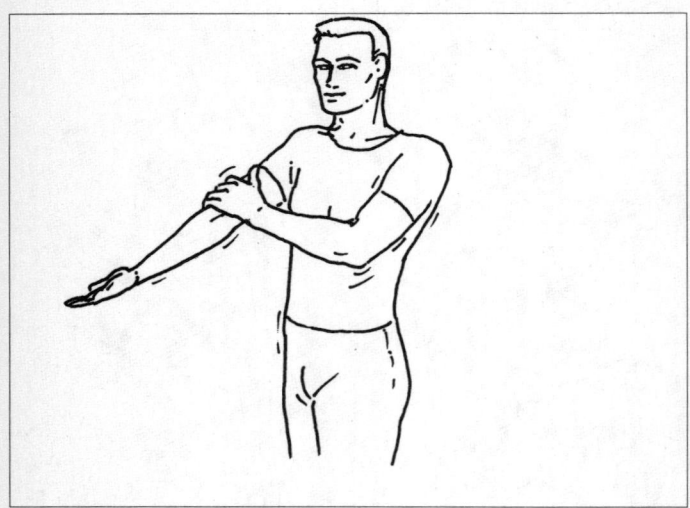

## Abbau von emotionalem Streß

Verfolgt Sie schon im Schlaf ein verhaltensauffälliges Kind (ein[e] KollegIn, Vorgesetzte[r]...)? Dann ist es Zeit für eine der beiden folgenden Übungen!

Nehmen Sie die Cook-Position im Liegen ein (Übung 8b).
Haben Sie jemanden neben sich, der Ihnen die Positiven
Punkte (Übung 10) halten kann und auch will, dann
gehören Sie zu den Glücklichen. Die Positiven Punkte sollten während der gesamten Übung gehalten werden.

*Phase 1*

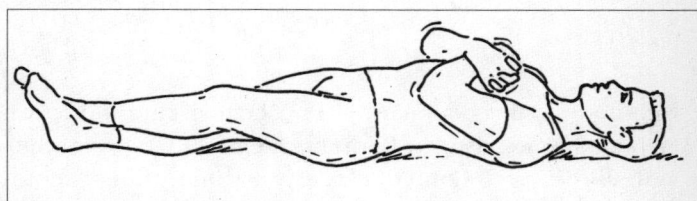

Treten Sie mit jener Person, mit der Sie Schwierigkeiten
haben, in einen inneren Dialog.
Sagen Sie dem/der Kind, KollegIn..., wie Sie die Dinge
sehen, wie Sie sich geärgert oder verletzt gefühlt haben.
Legen Sie los, und nehmen Sie kein Blatt vor den Mund.
Stellen Sie sich nun vor, daß Ihr Dialogpartner Ihnen ant-
wortet, nachdem Sie Ihren Groll oder Ihre Verletzung
mental ausgedrückt haben. Wie hat er/sie die Situation
erlebt?
Lassen Sie die Antworten und Sichtweisen des Gegenübers
aus Ihrem Inneren aufsteigen, und forcieren Sie dabei
nichts. Unser Intellekt spielt immer den Kontrolleur und
bewertet laufend alles. Der Phantasie sind aber keine Gren-
zen gesetzt, lassen Sie ihr freien Lauf.
Sie können sich auch vorstellen, die andere Person zu sein.
Wie würden Sie in dieser Situation reagieren? Spielen Sie
auch hier mehrere Möglichkeiten durch. Sollte die eine

oder andere Vorstellung Ihnen Schwierigkeiten bereiten, dann sagen Sie sich immer wieder, daß Sie der Regisseur in diesem Stück sind.

Haben Sie niemanden bei sich, der Ihnen die Positiven Punkte halten könnte, dann schließen Sie an die Cook-Übung das Halten der Positiven Punkte an und gehen nochmals den inneren Dialog durch. Ich weiß aus eigener Erfahrung, wie wirksam diese Methode ist.

## Innerer Film

Nehmen Sie die Cook-Position im Liegen ein, und lassen Sie auf Ihrem geistigen Bildschirm eine Situation erscheinen, die Sie noch immer belastet. Sie sind nur Beobachter und nehmen so viele Details wie möglich wahr.

Registrieren Sie: Was wurde gesprochen? War die Unterhaltung leise, laut, zornig? Was war zu sehen? Welche Farben waren vorherrschend? Welche Formen? Gab es irgendwelche besonderen Gerüche?

Lassen Sie den Film nochmals ablaufen. Möglicherweise spüren Sie bereits eine größere Distanz zur Situation. Als Abschluß lassen Sie den Film vom Ende zum Anfang laufen.

*Phase 2*

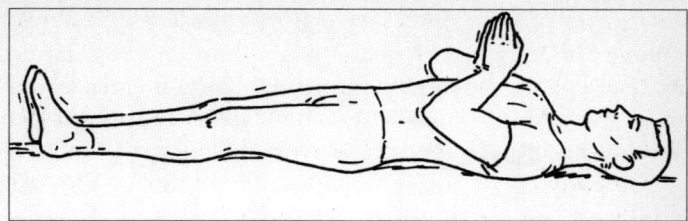

Cook und die Positiven Punkte sind die Übungen der ersten Wahl, wenn man Abstand gewinnen und innerlich positiver gestimmt sein will.

Die Umwelt reagiert auf unsere Stimmungsänderungen äußerst schnell und sensibel. Und noch einen weiteren Vorteil haben die beiden Übungen. Der hilfreiche zweite braucht, wenn man nicht kann oder will, über die stressige Situation gar nicht informiert zu werden. Dadurch ist man in der glücklichen Situation, daß man auch noch so gute »Ratschläge« nicht zusätzlich mitverarbeiten muß.

## Der Anschluß an den Lebensfluß

Fühlen Sie sich vom Lebensfluß abgeschnitten, wie gelähmt und völlig aus der Mitte, dann ist das Stärken eines in der tibetischen Medizin beschriebenen Energieflusses auf der Vorder- und Rückseite des Körpers sehr hilfreich.

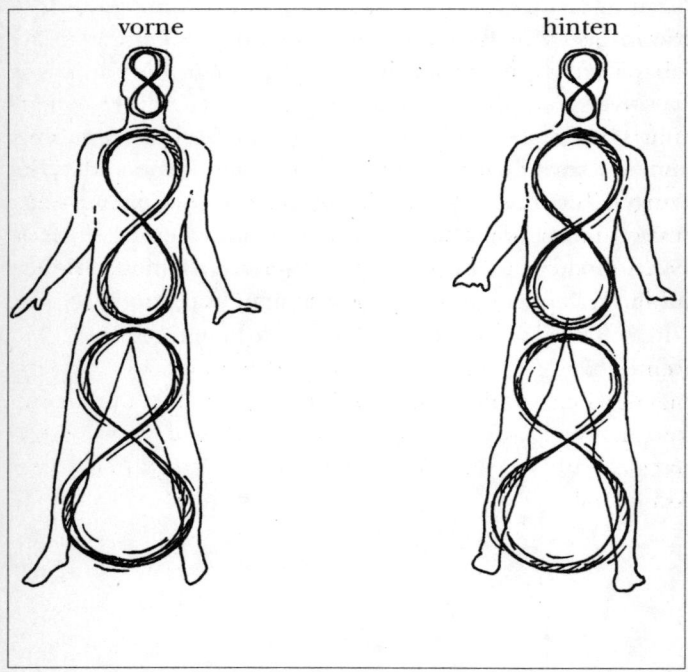

vorne           hinten

Die Übung kann teilweise ohne die Hilfe einer zweiten Person gemacht werden, aber es ist schon viel angenehmer, wenn man sich verwöhnen lassen kann. Schließlich ist man ja gerade sehr, sehr arm dran ...

Wir teilen (keine Angst, nur bildlich gemeint) den Körper in Kopfbereich, Rumpf und untere Extremitäten. Wir beginnen auf der Vorderseite, indem wir mit einer Hand eine stehende Acht zirka fünf Zentimeter vor dem Kopf in der Luft zeichnen. Für manche Menschen ist der Beginn der Acht von der Mitte nach links oben angenehmer und stärkender als umgekehrt von der Mitte nach rechts oben. Nach zehn bis fünfzehn Achten zeichnet man vor dem Rumpf die Achten, dann vor den Beinen. Danach folgt das Überstreichen der Rückseite.

In unseren Seminaren sind das Echo und die Verwunderung sehr groß, daß eine so einfache Übung, die am Anfang eher seltsam aussieht, eine so starke energetisierende Wirkung haben kann. Viele, die schon sensibel genug sind, spüren ihren Körper in Energie eingehüllt. Auf der Haut fühlt es sich an, als ob Ameisen darauf laufen; andere fühlen sich gleichsam »elektrisch« aufgeladen.

Reines Wasser (stille Tafel- oder Mineralwässer) trinken macht frisch, und Über-Kreuz-Bewegungen im Stand bewirken eine verbesserte Zusammenarbeit der linken und rechten Gehirnhälfte und Koordination der linken und rechten Körperhälfte.

# Einteilung der Übungen nach Verwendungsbereichen

**Vorschulkinder**

Singen und Musizieren

Brummer
Nasenatmung
Gorilla
Einschalten der drei
Körperdimensionen
Tiger
Propeller
Über-Kreuz-Bewegung

Bilderbuch

Gehirnknöpfe
Denkmütze
Energiegähnen
Cook
Augenachten

Gedichte

Brummer
Nasenatmung
Einschalten der drei
Körperdimensionen
Cook
Propeller
Über-Kreuz-Bewegung

Rätsel, Raten

Gehirnknöpfe
Erdknöpfe
Raumknöpfe
Cook
Über-Kreuz-Bewegung
Achterbahn

Vorschulblätter

Brummer
Nasenatmung

Einschalten der drei
   Körperdimensionen
Gorilla
Tiger
Denkmütze
Propeller
Über-Kreuz-Bewegung
Cook im Sitzen
Achterbahn
Augenachten

## Basteln

Gehirnknöpfe
Erd- und Raumknöpfe
Gleichgewichtsknöpfe
Positive Punkte
Propeller
Beckenschaukel
Achterbahn
Augenachten

## Zeichnen und Malen

Gehirnknöpfe
Erd- und Raumknöpfe
Gleichgewichtspunkte
Positive Punkte
Cook
Radfahrer
Achterbahn
Augenachten

## Rhythmik

Positive Punkte
Gehirnknöpfe
Gleichgewichtspunkte
Denkmütze
Krabbeln
Blumenpflücker
Wadenpumpe
Über-Kreuz-Bewegung

## Montessorimaterial

Einschalten der drei
   Körperdimensionen
Gorilla
Tiger
Denkmütze
Cook im Liegen
Positive Punkte
Propeller
Achterbahn

## Bewegungsspiele
(Kreisspiele)

Brummer
Nasenatmung
Gorilla
Einschalten der drei
   Körperdimensionen

144

Beckenschaukel
Wadenpumpe
Blumenpflücker
Denkmütze
Energiegähnen

Schnelligkeits-, Reaktionsspiele (Wettspiele)

Gorilla
Einschalten der drei
  Körperdimensionen
Tiger
Positive Punkte
Gleichgewichtsknöpfe
Cook
Krabbeln
Radfahrer
Über-Kreuz-Bewegung

Gespräche

Brummer
Nasenatmung
Gorilla
Einschalten der drei
  Körperdimensionen
Tiger
Positive Punkte
Cook im Sitzen
Denkmütze
Energiegähnen

Geschichten

Gorilla
Einschalten der drei
  Körperdimensionen
Tiger
Cook
Positive Punkte
Denkmütze
Beckenschaukel
Blumenpflücker
Wadenpumpe

Turnen

Die gesamten Übungen als
Turnstunde aufbauen.

**SchülerInnen**

Aktivierungs- und
Energieübungen

Wasser
Einschalten der drei
  Körperdimensionen
Gorilla
Tiger
Gehirnknöpfe
Erdknöpfe
Raumknöpfe

Gleichgewichtsknöpfe
Denkmütze
Energiegähnen
Cook
Positive Punkte


Übungen zum emotiona-
len Streßabbau
(vor und nach Schularbei-
ten, Tests, Ansagen)

Verbesserung der Klassen-
    atmosphäre (Streitig-
    keiten, Rivalitäten)
Hebung des Selbstver-
    trauens und Umgang mit
    Prüfungsangst

Cook im Sitzen mit Affir-
    mationen
Cook im Liegen mit Affir-
    mationen
Positive Punkte
Wasser
Bauchatmung mit innerem
    Lächeln
Einschalten der drei
    Körperdimensionen
Gorilla
Über-Kreuz-Bewegung
Gleichgewichtsknöpfe
Augenachten

Übungen zur Verbesse-
rung der Schreibschrift
und der Hand-Augen-
Koordination

Alphabetachten
Dirigent
Augenachten
Armaktivierung
Gehirnknöpfe
Elefant
Nackenrollen
Beckenschaukel
Wadenpumpe


Übungen zum Abbau
geistiger Müdigkeit und
für erhöhte Konzentration

Wasser
Gorilla
Erdknöpfe
Raumknöpfe
Gehirnknöpfe
Denkmütze
Über-Kreuz-Bewegung
Radfahrer

Übungen für den
Lesealltag

Gehirnknöpfe
Augenachten
Ohrenachten
Denkmütze
Über-Kreuz-Bewegungen
Erdknöpfe
Raumknöpfe
Wadenpumpe
Eule


Übungen für die Rechen-
(Mathematik-)Stunde

Erdknöpfe
Raumknöpfe

Gleichgewichtsknöpfe
Positive Punkte
Augenachten
Ohrenachten
Nackenrollen
Eule
Wadenpumpe
Über-Kreuz-Bewegung


Übungen zum Schaffen
eines Teamgeistes

Cook
Über-Kreuz-Bewegung
Tiger

# Kreativer Umgang mit den Bewegungsübungen

Nach einer Einführungsphase, in der den Kindern die Übungen vorgestellt werden, kann man zur Animation Geschichten erfinden oder erfinden lassen, in die die gelernten Bewegungsmuster und der Anwendungshintergrund einfließen können. Die folgende Geschichte soll Ihnen als Anregung dazu dienen.

## Die Geschichte vom kleinen Kätzchen Mautzi

Mautzi ist ein kleines, süßes Kätzchen und macht eines Tages ganz allein einen Spaziergang im großen Garten einer Wohnanlage.

Sie bewegt sich sehr langsam (*Kreuzkrabbeln langsam ausführen*), weil ihr das hohe Gras wie ein Urwald vorkommt und die dicken Halme sehr viele Geräusche machen.

Um wichtige von unwichtigen Geräuschen besser unterscheiden zu können, spitzt sie die Ohren, indem sie die Ränder von oben nach unten und von innen nach außen ausrollt (*Denkmütze*).

Mit roten Ohren und hellwach stapft Mautzi durch die Wiese und hört in der Nähe ein Tapsen. Ein Mäuschen putzt sich unweit von ihr sein Mäulchen.

Jetzt ist es für Mautzi wichtig, gut zu sehen.

Schnell übt sie die *Augenachten*. Danach sieht sie die Maus umherflitzen, doch, o Schreck, was ist das für ein Lärm?

Mautzi legt sich in ein Versteck aus Astholz und übt *Cook im Liegen*.

Nachher ist sie nicht mehr schockiert über den Lärm. Es ist, als ob der Lärm leiser geworden ist, und Mautzi faßt wieder Mut.

Sie schleicht in Richtung Maus, doch die hört sie und bekommt ihrerseits Angst.

So schnell sie kann, läuft die Maus in ihren Mäusebau und läßt sich von einer Geschwistermaus die *Positiven Punkte* halten. Damit sie sich stärker fühlt, hat sie ihre winzige Zungenspitze am oberen Gaumen.

Bald ist der Katzenstreß vorbei, und das Mäuschen schleicht aus dem Bau.

Mautzi ist schon wieder im Haus *Wasser trinken*, und das Mäuschen pfeift den Geschwistern, daß sie kommen und mit ihr aus lauter Lust an Bewegung kreuztanzen (*Über-Kreuz-Bewegungen nach allen Seiten*) sollen.

# Glossar

*analytisch*: Sicht der Welt, die ausschließlich auf Detailbeobachtung beruht. Auf Zusammenhänge zwischen den Details wird nicht geachtet.

*Akupunkturmeridiane*: Leitbahnen für die Chi-Energie, die den Körper durchziehen und in denen der freie Fluß der Energie (Chi) stattfindet. Es gibt zwölf Haupt- und acht Sondermeridiane. Sie sind mit bloßem Auge nicht sichtbar. Entlang der Meridiane ändert sich das elektrische Potential der Haut, diese Areale nennt man Akupunkturpunkte. In den Übungen aktivieren wir den Energiefluß im Zentralgefäß mit den Erdknöpfen und den Energiefluß im Gouverneursgefäß mit den Raumknöpfen.
Bei den Gehirnknöpfen aktivieren wir in den Mulden links und rechts vom Brustbein unterhalb des Schlüsselbeins die Endpunkte des Nierenmeridians (N-27). Bei den Gleichgewichtsknöpfen aktivieren wir die Punkte Gallenblase 20.

*Angewandte Kinesiologie*: abgekürzt AK. Wurde durch den Chiropraktiker Dr. George Goodheart 1964 begründet und bietet dem Anwender die Möglichkeit, mit dem Hilfesuchenden auf dem Weg über den Körper zu kommunizieren. Die *Kinesiology Federation*, die Dachorganisation für die verschiedenen Richtungen in Großbritannien, definiert AK wie folgt (gekürzte Fassung): »Angewandte Kinesiologie (wörtlich: das Studium der Körperbewegung) ist ein holistischer Ansatz, die Bewegung und Wechselwirkung der Energiesysteme eines Menschen zu balancieren. Vorsichtige Sondierung der Muskelreaktion zeigt jene Körperteile an, wo Blockaden und Ungleichgewichte das physische, emotionale oder energetische Wohlbefinden beeinträchtigen. Dieselbe Methode kann auch die Faktoren identifizieren, die zu Unausgewogenheiten dieser Art beitragen.«

Eine der größten Leistungen Goodhearts war die Entdeckung der Verbindungen zwischen Muskeln, Organen und dem Akupunkturmeridiansystem, das eng mit dem Nervensystem verbunden ist. Des weiteren fand Goodheart heraus, daß ein Muskel mit geringem Tonus als eine Art diagnostisches, unmittelbares Biofeedback dient, um ein Ungleichgewicht in einem korrespondierenden Akupunkturmeridian anzuzeigen (Kinesiologischer Muskeltest). Das ist ein Hinweis auf eine Störung im Körper, die entweder physisch, mental oder biochemisch ist. Dieser Muskeltest wird bei Einzelberatungen auch in der Edu-K eingesetzt.

*bilateral*: Die beiden Gehirnhemisphären kooperieren. Die Funktionen der linken und rechten Gehirnhälfte sind aufeinander abgestimmt. Dadurch wird integriertes Lernen möglich.

*Dehydratation*: durch Streß hervorgerufener Wassermangel in den Zellen. Wassertrinken hilft bei neurologischer Desorganisation.

*Edu-K*: a) Abkürzung für *Educational Kinesiology* (deutsch: Edu-Kinesiologie), in Anlehnung an die Angewandte Kinesiologie (engl. *Applied Kinesiology*). Edu-K ist eine von Dr. Dennison und seinem Team entwickelte Methode, die den kinesiologischen Muskeltest auch im pädagogischen Bereich einsetzt, um einerseits Informationen über die Ursachen von Lernstörungen zu erhalten und andererseits durch geeignete Maßnahmen wie Berühren von bestimmten Akupunkturpunkten, Massieren derselben oder durch Üben von gezielten Bewegungsmustern eine positive Änderung in der muskulären Struktur des Körpers zu verankern. Im Rahmen des Unterrichts kann auf den kinesiologischen Muskeltest verzichtet werden, weil es hierbei nur um eine allgemeine Förderung der Fähigkeiten der Schüler geht.

b) Abkürzung für *Educational Kinestetics* (deutsch: Edu-Kinestetik). Unter Edu-Kinestetik versteht man die Anwendung von Bewegungsmustern im Rahmen der Edu-Kinesiologie, um es jedem zu ermöglichen, sein volles Lernpotential auszuschöpfen. Beide Begriffe sind abgeleitet von dem lateinischen *educere* (= »herausholen«) und dem griechischen *kínesis* (= »Bewegung«).

*Energie*: wird hier immer im Sinne der chinesischen Medizin, also Chi-Energie, verstanden.

*Gestalt(wahrnehmung)*: Sicht der Welt als Ganzes ohne Aufspaltung in seine Einzelteile.

*homolateral/einseitig*: Es wird nur eine Gehirnhemisphäre verwendet. Dadurch ist ein integriertes Denken und Bewegen nicht möglich. Die Welt wird nur aus einer Perspektive gesehen.

*Mittelfeld/Mittellinie*: Bereich, wo sich linkes und rechtes Gesichtsfeld überlappen. In diesem Feld kommt es bei vielen Menschen zu einem Wahrnehmungskonflikt zwischen den beiden Gehirnhemisphären. Das für das rechte Gesichtsfeld zuständige linke Hirn sollte die Führung übernehmen, während das rechte Hirn weiterhin für den visuellen Informationsfluß sorgt.

Dieser Wahrnehmungskonflikt hat im Mittelbereich zwischen den beiden Gesichtsfeldern einen »blinden Fleck« in der visuellen Wahrnehmung zur Folge. Erkennbar ist dies zum Beispiel beim Schreiben am verschiedenen Schriftbild auf den beiden Hälften einer Seite.

# Literatur

Ballinger, Erich: *Lerngymnastik für Kinder*, Knaur-Tb. 76090

Dennison, Dr. Paul E.: *Befreite Bahnen*, Freiburg [2]1991

–, und Dennison, Gail: *EK für Kinder*, Freiburg [6]1991

–: *Brain Gym*, Freiburg [2]1991

Diamond, Dr. John: *Die heilende Kraft der Emotionen*, Freiburg [5]1991

–: *Der Körper lügt nicht*, Freiburg [6]1990

Rochlitz, Steven: *Die fehlende Dimension*, Knaur-Tb. 6000

Silva, Kim da, und Rydl, Do-Ri: *Kinesiologie*, Knaur-Tb. 76021

–, *Energie durch Bewegung*, Knaur-Tb. 76115

Thie, John F.: *Gesund durch Berühren*, Basel [7]1990

Topping, Wayne W.: *Körperenergien in der Balance*, Freiburg 1988

–: *Stress Release*, Freiburg [3]1991